Pedro Calderón de la Barca

El purgatorio
de san Patricio

Barcelona **2024**
Linkgua-ediciones.com

Créditos

Título original: El purgatorio de San Patricio.

© 2024, Red ediciones S.L.

e-mail: info@linkgua.com

Diseño de cubierta: Michel Mallard

ISBN rústica: 978-84-9816-743-6.
ISBN ebook: 978-84-9953-116-8.

Sumario

Brevísima presentación

La vida

Pedro Calderón de la Barca (Madrid, 1600-Madrid, 1681). España.

Su padre era noble y escribano en el consejo de hacienda del rey. Se educó en el colegio imperial de los jesuitas y más tarde entró en las universidades de Alcalá y Salamanca, aunque no se sabe si llegó a graduarse.

Tuvo una juventud turbulenta. Incluso se le acusa de la muerte de algunos de sus enemigos. En 1621 se negó a ser sacerdote, y poco después, en 1623, empezó a escribir y estrenar obras de teatro. Escribió más de ciento veinte, otra docena larga en colaboración y alrededor de setenta autos sacramentales. Sus primeros estrenos fueron en corrales.

Entre 1635 y 1637, Calderón de la Barca fue nombrado caballero de la Orden de Santiago. Por entonces publicó veinticuatro comedias en dos volúmenes y La vida es sueño (1636), su obra más célebre. En la década siguiente vivió en Cataluña y, entre 1640 y 1642, combatió con las tropas castellanas. Sin embargo, su salud se quebrantó y abandonó la vida militar. Entre 1647 y 1649 la muerte de la reina y después la del príncipe heredero provocaron el cierre de los teatros, por lo que Calderón tuvo que limitarse a escribir autos sacramentales.

Calderón murió mientras trabajaba en una comedia dedicada a la reina María Luisa, mujer de Carlos II el Hechizado. Su hermano José, hombre pendenciero, fue uno de sus editores más fieles.

Personajes

Egerio, rey de Irlanda
Leogario
Un Capitán
Polonia
Patricio
Lesbia
Ludovico
Philipo
Paulín, villano
Locía, villana
Un hombre embozado
Un Ángel bueno
Dos Canónigos Reglares
Un Ángel malo
Un viejo, de villano
Dos villanos

Jornada primera

Salen Egerio, rey de Irlanda, vestido de pieles; Leogario; un Capitán; Polonia y Lesbia, deteniéndole.

Rey	Dejadme dar la muerte.
Leogario	Señor, detente.
	Capitán. Escucha.
Lesbia	Mira.
Polonia	Advierte.

Rey   Dejad que desde aquella
punta vecina al Sol, que de una estrella
corona su tocado,   5
a las saladas ondas despeñado,
baje quien tantas penas se apercibe:
muera rabiando quien rabiando vive.

Lesbia   ¿Al mar furioso vienes?

Polonia   Durmiendo estabas; di, señor, ¿qué tienes?   10

Rey   Todo el tormento eterno
de las sedientas furias del infierno,
partos de aquella fiera
de siete cuellos que la cuarta esfera
empaña con su aliento.   15
En fin, todo su horror y su tormento
en mi pecho se encierra,
que yo mismo a mí mismo me hago guerra
cuando, en Brazos del sueño,

	vivo cadáver soy; porque él es dueño	20
	de mi vida, de suerte	
	que vi un pálido amago de la muerte.	

Polonia   ¿Qué soñaste, que tanto te provoca?

Rey   ¡Ay, hijas! Atended: que de la boca
             de un hermoso mancebo   25
             —aunque mísero esclavo, no me atrevo
             a injuriarle, y le alabo—;
             al fin, que de la boca de un esclavo
             una llama salía,
             que en dulces rayos mansamente ardía,   30
             y a las dos os tocaba,
             hasta que en vivo fuego os abrasaba.
             Yo, en medio de las dos, aunque quería
             su furia resistir, ni me ofendía,
             ni me tocaba el fuego.   35
             Con esto, pues, desesperado y ciego,
             despierto de un abismo,
             de un sueño, de un letargo, un parasismo,
             tanto mis penas creo,
             que me parece que la llama veo,   40
             y, huyendo a cada paso,
             ardéis vosotras, pero yo me abraso.

Lesbia   Fantasmas son ligeras
             del sueño, que introduce estas quimeras
             al alma y al sentido.   45
             Tocan una trompeta.
             Mas, ¿qué clarín es éste?

Capitán   Que han venido
             a nuestro puerto naves.

Polonia	Dame licencia, gran señor, pues sabes
	que un clarín, cuando suena,
	es para mí la voz de la sirena; 50
	porque a Marte inclinada,
	del militar estruendo arrebatada,
	su música me lleva
	los sentidos tras sí; porque le deba
	fama a mis hechos, cuando 55
	llegue en ondas de fuego navegando
	al Sol mi nombre, y con veloces alas
	allí compita a la deidad de Palas.
(Aparte.)	(Aunque más parte debe a este cuidado,
	el saber si es Filipo el que ha llegado.) 60

Vase.

Leogario	Sal, señor, a la orilla
	del mar, que la cabeza crespa humilla
	al monte, que le da, para más pena,
	en prisión de cristal, cárcel de arena.
Capitán	Divierta tu cuidado 65
	este monstruo nevado,
	que en sus ondas dilata
	a espejos de zafir, marcos de plata.
Rey	Nada podrá alegrarme.
	Tanto pudo el dolor enajenarme 70
	de mí, que ya sospecho
	que es Etna el corazón, volcán el pecho.
Lesbia	Pues, ¿hay cosa a la vista más suave
	que ver quebrando vidrios una nave,

siendo en su azul esfera,   75
del viento pez, y de las ondas ave,
cuando corre veloz, surca ligera,
y de dos elementos amparada,
vuela en las ondas y en los vientos nada?
Aunque agora no fuera   80
su vista a nuestros ojos lisonjera,
porque el mar alterado,
en piélagos de montes levantado,
riza la altiva frente,
y sañudo Neptuno,   85
parece que, importuno,
turbó la faz y sacudió el tridente.
Tormenta el marinero se presuma,
que se atreven al cielo
montes de sal, pirámides de yelo,   90
torres de nieve, alcázares de espuma.

Sale Polonia.

Polonia   ¡Gran desdicha!

Rey   Polonia,
                   ¿qué es eso?

Polonia   Esa inconstante Babilonia,
                   que al cielo se levanta
                   —tanta es su furia y su violencia tanta—   95
                   con un furor sediento
                   —¿quién ha visto con sed tanto elemento?—
                   en sus entrañas bárbaras esconde
                   diversas gentes, donde
                   a consagrar se atreve   100
                   sepulcros de coral, tumbas de nieve

12

en bóvedas de plata;
porque el Dios de los vientos los desata
de la prisión que asisten;
y ellos, sin ley y sin aviso, embisten   105
a ese bajel, cuyo clarín sonaba,
cisne que sus exequias se cantaba.
Yo, desde aquella cumbre,
que al Sol se atreve a profanar la lumbre,
contenta le advertía,   110
por ver que era Filipo el que venía;
Filipo, que en los vientos, lisonjeras
tus armas, tremolaban sus banderas;
cuando su estrago admiro
y, cada voz envuelta en un suspiro,   115
desvanecí primero sus despojos,
efeto de mis labios y mis ojos,
porque dieron veloces
más agua y viento en lágrimas y voces.

Rey   Pues, dioses inmortales,   120
¿cómo probáis con amenazas tales
tanto mi sufrimiento?
¿Queréis que suba a derribar violento
ese alcázar azul, siendo segundo
Nembrot, en cuyos hombros   125
pueda escaparse el mundo,
sin que me cause asombros
el ver rasgar los senos
con rayos, con relámpagos y truenos?

Dentro Patricio.

Patricio   ¡Ay de mí!

13

Leogario	Triste voz.
Rey	¿Qué es eso?

Capitán	A nado	130
	un hombre se ha escapado	
	de la cruel tormenta.	

Lesbia	Y con sus Brazos dar la vida intenta	
	a otro infelice, cuando	
	estaba con la muerte agonizando.	135

Polonia	Mísero peregrino,	
	a quien el hado trujo, y el destino,	
	a tan remota parte,	
	norte vocal, mi voz podrá guiarte	
	si me escuchas, pues por animarte hablo:	140
	llegad.	

Salen mojados Patricio y Ludovico, abrazados los dos, y caen saliendo cada uno a su parte.

Patricio	¡Válgame Dios!
Ludovico	¡Válgame el diablo!
Lesbia	A piedad han movido.
Polonia	Si no es a mí, que nunca la he tenido.

Patricio	Señores, si desdichas	
	suelen mover los corazones dichas,	145
	sucedidas no espero	
	que pueda hallarse corazón tan fiero	

a quien no ablanden. Mísero y rendido,
piedad por Dios a vuestras plantas pido.

Ludovico   Yo no, que no la quiero;   150
que de los hombres ni de Dios la espero.

Rey   Decid quién sois; sabremos
la piedad y hospedaje que os debemos.
Y porque no ignoréis quién soy, primero
mi nombre he de decir; porque no quiero   155
que me habléis indiscretos,
ignorando quién soy, sin los respetos
a que mi vista os mueve,
y sin la adoración que se me debe.
Yo soy el rey Egerio,   160
digno señor deste pequeño imperio;
pequeño porque es mío,
que hasta serlo del mundo desconfío
de mi valor. El traje,
más que de rey, de bárbaro salvaje   165
traigo porque quisiera
fiera ansí parecer, pues que soy fiera.
A Dios ninguno adoro,
que aun sus nombres ignoro,
ni aquí los adoramos ni tenemos,   170
que el morir y el nacer solo creemos.
Ya que sabéis quién soy, y que fue mucha
mi majestad, decid quién sois.

Patricio   Escucha:
mi propio nombre es Patricio,
mi patria Irlanda o Hibernia,   175
mi pueblo Emptor, por humilde
y pobre sabido apenas.

Este, entre el setentrión
y el occidente, se asienta
en un monte, a quien el mar   180
ata con prisión estrecha,
en la isla que llamaron,
para su alabanza eterna,
gran señor, isla de santos:
tantos fueron los que en ella   185
dieron la vida al martirio
en religiosa defensa
de la fe; que ésta en los fieles
es la última fineza.
De un caballero irlandés,   190
y de una dama francesa,
su casta esposa, nací,
a quien debí en mi primera
edad —fuera deste ser—
otro de mayor nobleza,   195
que fue la luz de la fe
y religión verdadera
de Cristo, por el carácter
del santo bautismo, puerta
del cielo como primero   200
sacramento de su iglesia.
Mis piadosos padres, luego
que pagaron esta deuda
común que el hombre casado
debió a la naturaleza,   205
se retiraron a dos
conventos, donde en pureza
de castidad conservaron
su vida hasta la postrera
línea fatal; que rindieron,   210
con mil católicas muestras,

el espíritu a los cielos
y el cadáver a la tierra.
Huérfano entonces quedé
debajo de la tutela   215
de una divina matrona,
en cuyo poder apenas
cumplí un lustro o cinco edades
del Sol, que en doradas vueltas
cinco veces ilustró   220
doce signos y una esfera,
cuando mostró Dios en mí
su divina omnipotencia;
que de flacos instrumentos
usa Dios porque se vea   225
más su majestad, y a El solo
se atribuyan sus grandezas.
Fue, pues —y saben los cielos
que no es humana soberbia,
sino celo religioso   230
de que sus obras se sepan,
el contarlas yo—, que un día
un ciego llegó a mis puertas,
llamado Gormas, y dijo:
«Dios me envía aquí, y ordena   235
que en su nombre me des vista.»
Yo, rendido a su obediencia,
la señal de la cruz hice
en sus ojos, y con ella
pasaron restituidos   240
a la luz, de las tinieblas.
Otra vez, pues, que los cielos,
rebozados entre densas
nubes, con rayos de nieve
hicieron al mundo guerra,   245

cayó tanta sobre un monte
que, desatada y deshecha
a los rigores del Sol,
inundaba de manera
las calles que ya las casas, 250
sobre las ondas violentas,
eran naves de ladrillo,
eran bajeles de piedra.
¿Quién vio fluctuar por montes?
¿Quién vio navegar por selvas? 255
La señal de la cruz hice
en las aguas y, suspensa
la lengua, en nombre de Dios
les mandé que se volvieran
a su centro y, recogidas, 260
dejaron la arena seca.
¡Oh, gran Dios! ¡Quién no te alaba!
¡Quién no te adora y confiesa!
Prodigios puedo deciros
mayores, mas la modestia 265
ata la lengua, enmudece
la voz y los labios sella.
Crecí, en fin, más inclinado
que a las armas a las ciencias;
y sobre todas me di 270
al estudio de las letras
divinas y a la lección
de los santos, cuya escuela,
celo, piedad, religión,
fe y caridad nos enseña. 275
En este estudio ocupado,
salí un día a la ribera
del mar con otros amigos
estudiantes, cuando a ella

llegó un bajel, y arrojando 280
de sus entrañas a tierra
hombres armados, cosarios
que aquestos mares infestan,
nos cautivaron a todos;
y por no perder la presa, 285
se hicieron al mar, y dieron
al libre viento las velas.
General deste bajel
Filipo de Roqui era,
en cuyo pecho se hallara, 290
a perderse, la soberbia.
Este, pues, algunos días
tierras y mares molesta
de toda Irlanda, robando
las vidas y las haciendas. 295
Solo a mí me reservó;
porque me dijo que, en muestra
de rendimiento, me había
de traer a tu presencia
para esclavo tuyo. ¡Oh, cuánto, 300
ignorante, el hombre yerra,
que, sin consultar a Dios,
intentos suyos asienta!
Dígalo en el mar Filipo,
pues hoy, a vista de tierra, 305
estando sereno el cielo,
manso el aire, el agua quieta,
vio en un punto, en un instante,
sus presunciones deshechas,
pues en sus cóncavos senos 310
brama el viento, el mar se queja,
montes sobre montes fueron
las ondas, cuya eminencia

moja el Sol, porque pretende
apagar sus luces bellas.   315
El fanal junto a los cielos
pareció errado cometa,
o exhalación abortada,
o desencajada estrella.
Otra vez, en lo profundo   320
del mar tocó las arenas,
donde, desatado en partes,
fueron las ondas funestas
monumentos de alabastro
entre corales y perlas.   325
Yo —a quien el cielo no sé
para qué efeto conserva,
siendo tan inútil— pude,
con más aliento y más fuerza,
no solo darme la vida   330
a mí, pero aun en defensa
deste valeroso joven
aventurarla y perderla;
porque no sé qué secreto
tras él me arrebata y lleva,   335
que pienso que ha de pagarme
con grande logro esta deuda.
En fin, por piedad del cielo,
salimos los dos a tierra,
donde espera mi desdicha,   340
o donde mi dicha espera,
pues somos vuestros esclavos.
Que nuestro dolor os mueva,
que nuestro llanto os ablande,
nuestro mal os enternezca,   345
nuestra aflicción os provoque,
y os obliguen nuestras penas.

Rey	Calla, mísero cristiano,
	que el alma, a tu voz atenta,
	no sé que afecto la rige, 350
	no sé qué poder la fuerza
	a temerte y adorarte,
	imaginando que seas
	tú el esclavo que en un sueño
	vi respirando centellas, 355
	vi escupiendo vivo fuego,
	de cuya llama violenta
	eran mariposas mudas
	mis hijas, Polonia y Lesbia.
Patricio	La llama que de mi boca 360
	salía es la verdadera
	doctrina del evangelio;
	ésta es mi palabra, y ésta
	he de predicarte a ti
	y a tus gentes, y por ella 365
	cristianas vendrán a ser
	tus dos hijas.
Rey	Calla, cierra
	los labios, cristiano vil;
	que me injurias y me afrentas.
	Lesbia. Detente.
Polonia	¿Pues tú, piadosa, 370
	te pones a su defensa?
Lesbia	Sí.
Polonia	Déjale dar la muerte.

Lesbia (Aparte.)	No es justo que a manos muera de un rey. (No es sino piedad que tengo a cristianos ésta.) 375
Polonia	Si este segundo Joseph, como Joseph interpreta sueños al Rey, de su efeto ni dudes, señor, ni temas; porque si el quemarme yo 380 es imaginar que pueda ser cristiana, es imposible tan grande como que vuelva yo misma segunda vez a vivir después de muerta. 385 Y porque a tan justo enojo el sentimiento diviertas, oigamos quién es esotro pasajero.
Ludovico	Escucha atenta, hermosísima deidad, 390 porque así mi historia empieza. Gran Egerio, rey de Irlanda, yo soy Ludovico Enio, cristiano también, que solo en esto nos parecemos 395 Patricio y yo, aunque también desconvenimos en esto, pues después de ser cristianos somos los dos tan opuestos, que distamos cuanto va 400 desde ser malo a ser bueno. Pero, con todo, en defensa

de la fe que adoro y creo,
perderé una y mil veces
—tanto la estimo y la precio—   405
la vida. Sí, ¡voto a Dios!,
que pues le juro le creo.
No te contaré piedades
ni maravillas del cielo
obradas por mí; delitos,   410
hurtos, muertes, sacrilegios,
traiciones, alevosías
te contaré; porque pienso
que aun es vanidad en mí
gloriarme de haberlas hecho.   415
En una de muchas islas
de Irlanda nací, y sospecho
que todos siete planetas,
turbados y descompuestos,
asistieron desiguales   420
a mi infeliz nacimiento.
La Luna me dio inconstancia
en la condición; ingenio
Mercurio —mal empleado,
mejor fuera no tenerlo—;   425
Venus lasciva me dio
apetitos lisonjeros,
y Marte, ánimo cruel:
¿qué no darán Marte y Venus?;
el Sol me dio condición   430
muy generosa, y, por serlo,
si no tengo qué gastar,
hurto y robo cuanto puedo;
Júpiter me dio soberbia
de bizarros pensamientos;   435
Saturno, cólera y rabia,

valor y ánimo resuelto
a traiciones; y a estas causas
se han seguido los efetos.
Mi padre, por ciertas cosas   440
que callo por su respeto,
de Irlanda fue desterrado.
Llegó a Perpiñán, un pueblo
de España, conmigo, entonces
de diez años poco menos,   445
y a los diez y seis murió:
iténgale Dios en el cielo!
Huérfano, quedé en poder
de mis gustos y deseos,
por cuyo campo corrí   450
sin rienda alguna ni freno.
Los dos polos de mi vida
eran mujeres y juegos,
en quien toda se fundaba:
imira sobre qué cimientos!   455
No te podrá referir
mi lengua aquí por extenso
mis sucesos, pero haré
una breve copia dellos.
Por forzar a una doncella,   460
di la muerte a un noble viejo,
su padre; y, por su mujer,
a un honrado caballero
en su cama maté, donde
con ella estaba durmiendo,   465
y entre su sangre bañado
su honor, teatro funesto
fue el lecho, mezclando entonces
homicidio y adulterio.
Y, al fin, el padre y marido   470

por su honor las vidas dieron,
que hay mártires del honor:
¡téngalos Dios en el cielo!
Huyendo deste castigo,
pasé a Francia, donde pienso   475
que no olvidó la memoria
de mis hazañas el tiempo,
porque asistiendo a las guerras
que entonces se dispusieron
entre Ingalaterra y Francia,   480
yo, debajo del gobierno
de Estéfano, rey francés,
milité, y en un encuentro
que se ofreció me mostré
tanto que me dio por premio   485
de mi valor el Rey mismo
una bandera. No quiero
decirte si le pagué
aquella deuda. Bien presto
volví a Perpiñán honrado,   490
y entrando a jugar a un cuerpo
de guardia, sobre nonada
di un bofetón a un sargento,
maté a un capitán, herí
a unos tres o cuatro dellos.   495
A las voces acudió
toda la justicia luego,
y sobre tomar iglesia,
ya en la resistencia puesto,
a un corchete di la muerte   500
—algo había de hacer bueno
entre tantas cosas malas—:
¡téngale Dios en el cielo!
Toméla, en fin, en un campo,

en un sagrado convento   505
de religiosas que estaba
fundado en aquel desierto.
Allí estuve retirado
y regalado en extremo,
por ser allí religiosa   510
una dama, cuyo deudo
la puso en obligación
deste cuidado. Mi pecho,
como basilisco ya,
trocó la miel en veneno;   515
y pasando despeñado
desde el agrado al deseo,
monstruo que de lo imposible
se alimenta, vivo fuego
que en la resistencia crece,   520
llama que la aviva el viento,
disimulado enemigo
que mata a su propio dueño,
y, en fin, deseo en un hombre
que, sin Dios y sin respeto,   525
lo abominable, lo horrible
estima por solo serlo,
me atreví ... Turbada aquí
—si desto, señor, me acuerdo—
muda fallece la voz,   530
triste desmaya el acento,
el corazón a pedazos
se quiere salir del pecho,
y, como entre oscuras sombras,
se erizan barba y cabellos,   535
y yo, confuso y dudoso,
triste y absorto, no tengo
ánimo para decirlo,

si le tuve para hacerlo.
Tal es mi delito, en fin,   540
de detestable, de feo,
de sacrílego y profano
—harto ansí te lo encarezco—
que, de haberle cometido,
alguna vez me arrepiento.   545
En fin, me atreví una noche,
cuando el noturno silencio
construía a los mortales
breves sepulcros del sueño;
cuando los cielos tenían   550
corrido el escuro velo,
luto que ya, por la muerte
del Sol, entapiza el viento,
y en sus exequias las aves
nocturnas, en vez de versos,   555
cantan caistros, y en ondas
de zafir, con los reflejos,
las estrellas daban luces
trémulas al firmamento;
en fin, esta noche entré   560
por las paredes de un huerto,
de dos amigos valido,
que para tales sucesos
no falta quien acompañe,
y, entre el espanto y el miedo,   565
pisando en sombras mi muerte,
llegué a la celda —aquí tiemblo
de acordarme— donde estaba
mi parienta, que no quiero
por su respeto nombrarla,   570
ya que no por mi respeto.
Desmayada a tanto horror,

cayó rendida en el suelo,
de donde pasó a mis Brazos,
y, antes que vuelta en su acuerdo   575
se viese, ya estaba fuera
del sagrado en un desierto,
adonde, si el cielo pudo
valerla, no quiso el cielo.
Las mujeres, persuadidas   580
a que son de amor efetos
las locuras, fácilmente
perdonan, y así, siguiendo
al llanto el agrado, halló
a sus desdichas consuelo;   585
aunque ellas eran tan grandes,
que miraba en un sujeto
escalamiento, violencia,
incesto, estupro, adulterio
al mismo Dios como esposo,   590
y, al fin, al fin, sacrilegio.
Desde allí, en efeto, en dos
caballos, hijos del viento,
a la huerta de Valencia
fuimos, adonde, fingiendo   595
que era mi mujer, vivimos
con poca paz mucho tiempo;
porque yo, hallándome —ya
gastado el poco dinero
que tenía— sin amigos,   600
ni esperanza de remedio
de aquestas necesidades,
para la hermosura apelo
de mi fingida mujer.
(Si hubiera de cuanto he hecho   605
tener vergüenza de algo,

solo la tuviera desto,
porque es la última bajeza
a que llega el más vil pecho,
poner en venta el honor,   610
y poner el gusto en precio.)
Apenas, desvergonzado,
a ella le doy parte desto,
cuando cuerda me asegura,
sin extrañar el intento.   615
Pero, apenas a su rostro,
señor, las espaldas vuelvo,
cuando, huyendo de mí, toma
sagrado en un monasterio.
Allí, por orden de un santo   620
religioso, tuvo puerto
de la tormenta del mundo,
y allí murió, dando ejemplo
su culpa y su penitencia:
iténgala Dios en el cielo!   625
Yo, viendo que a mis delitos
ya les viene el mundo estrecho,
y que me faltaba tierra
que me sufriese, resuelvo
el dar la vuelta a mi patria,   630
porque en ella, por lo menos,
estaría más seguro,
como mi amparo y mi centro,
de mis enemigos. Tomo
el camino y, en fin, llego   635
a Irlanda, que como madre
me recibió; pero luego
fue madrastra para mí,
pues al abrigo de un puerto
llegué, buscando viaje,   640

donde estaban encubiertos
en una cala cosarios,
y Filipo, que era dellos
general, me cautivó,
después, señor, de haber hecho   645
tan peligrosa defensa
que, aficionado a mi esfuerzo,
Filipo me aseguró
la vida. Lo que tras esto
sucedió, ya tú lo sabes;   650
que fue que, enojado el viento,
nos amenazó cruel
y nos castigó soberbio,
haciendo en mares y montes
tal estrago y tal esfuerzo,   655
que éstos hicieron donaire
de la soberbia de aquéllos.
De trabucos de cristal
combatidos sus cimientos,
caducaron las ciudades   660
vecinas, y por desprecio,
tiraba el mar a la tierra,
que es munición de sus senos,
en sus nácares las perlas
que engendra el veloz aliento   665
del aurora con rocío,
lágrimas de fuego y hielo.
y, al fin, para que en pinturas
no se vaya todo el tiempo,
sin bóvedas de alabastro,   670
sin salados monumentos,
se fueron todas sus gentes
a cenar a los infiernos.
Yo, que era su convidado,

también me fuera tras ellos,   675
si Patricio —a quien no sé
por qué causa reverencio,
mirando su rostro siempre
con temor y con respeto—
no me sacara del mar,   680
cuando ya rendido el pecho,
iba bebiendo la muerte,
agonizando en veneno.
Esta es mi historia, y agora,
ni vida ni piedad quiero,   685
ni que mis penas te ablanden,
ni que te obliguen mis ruegos,
sino que me des la muerte,
para que acabe con esto
vida de un hombre tan malo,   690
que a penas podrá ser bueno.

Rey   Ludovico, aunque hayas sido
cristiano, a quien aborrezco
con tantas veras, estimo
tanto tu valor, que quiero   695
que en ti y Patricio se vea
mi poder a un mismo tiempo;
pues, como levanto, humillo,
y como castigo, premio.

Arrójale en el suelo a Patricio, y pónele el pie.

Y así, a ti te doy los Brazos   700
para levantarte en ellos
a mi privanza, y a ti
te arrojo a mis plantas puesto,
significando a los dos

las balanzas deste peso. 705
Y porque veas, Patricio,
cuánto estimo y cuánto precio
tus amenazas, la vida
te dejo. Vomita el fuego
de la palabra de Dios, 710
para que veas en esto
que ni adoro su deidad,
ni sus maravillas temo.
Vive, pues, pero de suerte
pobre, abatido, y sujeto, 715
que has de servir en el campo,
como inútil; y así, quiero
que me guardes los ganados
que por esos valles tengo.
A ver si, para que salgas 720
a derramar ese fuego,
siendo mi esclavo, te saca
tu Dios de ese cautiverio.

Vase.

Lesbia   A piedad Patricio mueve.

Polonia   Sino a mí, que no la tengo; 725
              y a moverme alguno, antes
              fuera Ludovico Enio.

Vanse.

Patricio   Ludovico, cuando humilde
              en tierra estoy y te veo
              en la cumbre levantado, 730
              mayor lástima te tengo

32

que envidia. Cristiano eres,
aprovéchate de serlo.

Ludovico   Déjame gozar, Patricio,
de los aplausos primero   735
que me ofrece la fortuna.

Patricio   Una palabra —si puedo
esto contigo— te pido.

Ludovico   ¿Cuál es?

Patricio   Que vivos o muertos,
en este mundo otra vez   740
los dos habemos de vernos.

Ludovico   ¿Tal palabra pides?

Patricio   Sí.

Ludovico   Yo la doy.

Patricio   Y yo la aceto.

Vanse.

Salen Filipo y Locía, villana.

Locía   Perdonad si no he sabido
serviros y regalaros.   745

Filipo   Más tengo que perdonaros
de lo que os ha parecido,

pues, cuando os llego a mirar,
entre un pesar y un placer,
os tengo que agradecer,   750
y os tengo que perdonar:
que agradecer la acogida,
que perdonar un mal fuerte,
pues me habéis dado la muerte
y me habéis dado la vida.   755

Locía   A tan discretas razones,
ruda y ignorante soy;
y así los Brazos os doy
por quitarme de quistiones.
Ellos sabrán responder,   760
callando, por mi deseo.

Sale Paulín, villano, y velos abrazados.

Paulín (Aparte.)   (¡Ay, señores, lo que veo!,
que abrazan a mi mujer.
¿Qué me toca hacer aquí?
¿Matarlos? Sí, yo lo hiciera,   765
si una cosa no temiera,
y es que ella me mate a mí.)

Filipo   Bella serrana, quisiera,
para pagar la posada,
que esta sortija extremada   770
estrella del cielo fuera.

Locía   No me tengáis por mujer
que atenta al provecho vivo,
mas por vuestra la recibo.

34

Paulín (Aparte.)	(¿Y aquí qué me toca hacer?	775
	Pero si marido soy,	
	y sortija miro dar,	
	lo que me toca es callar.)	
Locía	Otra vez el alma os doy	
	en los Brazos, que no tengo	780
	otra joya ni cadena.	
Filipo	Y la prisión es tan buena,	
	que la memoria entretengo	
	con vos de tantos pesares	
	como, en sucesos tan tristes,	785
	me causaron, ya lo vistes,	
	esos cristalinos mares.	
Paulín (Aparte.)	(¡Ay, otra vez la abrazó!	
	¡Ah, señor!, ¿no echa de ver	
	que es aquésa mi mujer?)	790
Filipo	Vuestro marido nos vio.	
	Quiero retirarme dél;	
(Aparte.)	luego vendré. (Si esto vieras,	
	Polonia, quizá sintieras	
	que mi desdicha cruel	795
	me trujese a tal estado.	
	¡Oh, mar, al cielo atrevido!,	
	¿en qué entrañas han cabido	
	las vidas que has sepultado?)	
Vase.		
Paulín (Aparte.)	(Ya se fue, bien puedo habrar	800
	alto.) Esta vez, mi Locía,	

cogíte, por vida mía,
y esta tranca me ha de dar
venganza.

Locía   ¡Qué malicioso!
               ¡Oh, fuego de Dios en ti!   805

Paulín   Si yo los aBrazos vi,
               ¿es malicia o es forzoso
               lance que no pudo ser
               malicia?

Locía   Malicia ha sido,
               que no ha de ver un marido   810
               todo aquello que ha de ver,
               sino la mitad no más.

Paulín   Yo digo que soy contento,
               y la condición consiento;
               y pues dos aBrazos das   815
               a ese diablo de Soldado
               que el mar acá nos echó,
               no quiero haber visto yo
               más del uno, y si he pensado
               darte cien palos por dos   820
               aBrazos, hecha la cuenta,
               al uno caben cincuenta.
               Y así juro a non de Dios,
               que pues la sentencia das
               y la cuenta está tan clara,   825
               que has de llevarlos, repara,
               cincuenta palos no más.

Locía   Ya es mucha maridería

	ésa; y aunque más lo sea,	
	basta que un marido vea	830
	la cuarta parte.	

Paulín   Locía,
yo aceto la apelación;
paciencia y aparejarte,
que también la cuarta parte
veinte y cinco palos son.   835

Locía   No ha de hacer eso quien quiere
la paz.

Paulín   ¿Pues qué?

Locía   Entre los dos,
no creer lo que veis vos,
sino lo que yo os dijere.

Paulín   Para eso mijor es,   840
Locía de Bercebú,
que tomes la tranca tú,
y que con ella me des.
Estarás contenta, sí,
dando en amorosos lazos,   845
al otro los dos aBrazos,
y los cien palos a mí.

Sale Filipo.

Filipo (Aparte.)   (¿Si se habrá el villano ido?)

Paulín   A buen tiempo habéis llegado.
Oídme, señor Soldado: 850

yo estoy muy agradecido
al gusto que me habéis hecho
hoy en quereros valer
de mi choza y mi mujer.
Y aunque estoy muy satisfecho   855
por tantas causas de vos,
ya que os halláis bueno y sano,
tomá el camino en la mano,
y a la bendición de Dios;
porque no quiero esperar   860
que, haciendo en mi casa guerra,
salga a ser carne en la tierra,
quien fue pescado en el mar.

Filipo   Malicia es que habéis tenido,
sin culpa y sin ocasión.   865

Paulín   Con razón o sin razón,
o soy o no soy marido.

Salen Leogario, y un villano viejo, y Patricio de esclavo.

Leogario   Esto se os manda, y que esté
sirviendo con gran cuidado
siempre en el campo ocupado.   870

Viejo   Ya digo que así lo haré.

Leogario   Que no dejéis que se ausente,
que es gusto del Rey que esté
aquí sirviendo ...

Viejo   Sí haré.

Leogario	... pobre y miserablemente.	875
	Mas ¿qué es lo que miro allí?	
	Filipo sin duda es.	
	Gran señor, dame tus pies.	

| Paulín | ¿Gran señor le llamó? |

Locía	Sí;
	agora me pagarás	880
	aquí, Paulín, los porrazos.

| Filipo | Leogario, dame los Brazos. |

Leogario	Honor en ellos me das.
	¿Es posible que te veo
	con vida?

Filipo	Aquí me arrojó	885
	el mar proceloso; y yo,
	siendo mísero trofeo
	de la fortuna, he vivido
	de villanos hospedado,
	hasta haberme reparado	890
	de las penas que he sufrido.
	Y fuera de eso, también
	el temer la condición
	del Rey, porque su ambición,
	¿a quién se rinde?, o ¿a quién	895
	con agrados escuchó
	tragedias de la fortuna?
	Sin esperanza ninguna
	he vivido, hasta que yo
	hallase quien sus enojos	900
	templase en mi triste ausencia,

y el Rey me diese licencia
para llegar a sus ojos.

Leogario   Ya la tienes conseguida,
porque de tu muerte está   905
tan triste, que te dará,
en albricias de la vida,
la gracia. Vente conmigo,
que ya sucesos advierte
de la fortuna, y volverte   910
a su privanza me obligo.

Paulín   De mi pasado magín
pedir perdón me anticipo.
Ya sabrá el señor Filipo,
que yo soy un Juan Paulín.   915
Perdóneme su mesté,
si mi cólera le aflige,
que yo en todo cuanto dije,
por boca de ganso habré.
A servirle me acomodo,   920
y aquí estamos noche y día
mi cabaña, yo y Locía,
y sírvase Dios con todo.

Filipo   Yo voy muy agradecido
al hospedaje y espero   925
pagarle.

Paulín   Pues lo primero
que allá os la llevéis os pido,
pues con solo esto se sella
un grande gusto en los dos:
a ella porque va con vos,   930

y a mí por quedar sin ella.

Vanse Filipo y Leogario.

Locía   ¿Hay amor tan desdichado
                 como el mío, que ha nacido
                 en los Brazos del olvido?

Viejo   Paulín, ya que hemos quedado   935
                 solos, dad los Brazos luego
                 a este nuevo labrador
                 que tenemos.

Patricio   Yo, señor,
                 soy un esclavo y os ruego
                 que como a tal me tratéis.   940
                 Para servir vengo aquí
                 al más humilde, y así
                 os suplico me mandéis
                 como a esclavo, pues lo soy.

Viejo   ¡Qué modestia!

Paulín   ¡Qué humildad!   945
                 Locía. Y ¡qué buen talle! En verdad,
                 que enficionándome voy
                 a su cara.

Paulín   ¿Habrá llegado
                 —aquí para entre los dos—
                 aquí alguno de quien vos   950
                 no os hayáis inficionado,
                 Locía?

Locía	Sois un villano, y en queriéndome celar, me tengo de enamorar de todo el género humano.

955

Vase.

Viejo	Paulín, de tu ingenio fío una cosa en que me va la vida.
Paulín	Decí, pues ya sabéis el pergeño mío.
Viejo	Este esclavo que aquí ves, sospecho que no es seguro, y yo guardarle procuro por lo que sabrás después. A ti te hago guarda fiel de su persona, y así te mando que desde aquí nunca te me apartes dél.

960

965

Vase.

Paulín	Buena comisión me han dado. Vuestra guarda cuidadosa soy, y vos la primer cosa que en mi vida habré guardado. Gran cuidado he de tener, ni he de comer ni dormir; por eso, si os queréis ir, muy bien lo podéis hacer desde luego: y aún me haréis

970

975

un gran bien, pues despenado
quedaré deste cuidado.
Idos, por Dios.

Patricio   Bien podéis
fiaros de mí, que no soy,   980
aunque esclavo, fugitivo.
¡Oh, Señor, qué alegre vivo
en las soledades hoy!,
pues aquí podrá adoraros
el alma contemplativa,   985
teniendo la imagen viva
de vuestros prodigios raros.
En la soledad se halló
la humana filosofía,
y la divina querría   990
penetrar en ella yo.

Paulín   Decidme, ¿con quién habláis
agora de aquese modo?

Patricio   Causa primera de todo
sois, Señor, y en todo estáis.   995
Estos cristalinos cielos
que constan de luces bellas,
con el Sol, Luna y estrellas,
¿no son cortinas y velos
del Impíreo soberano?   1000
Los discordes elementos,
mares, fuego, tierra y vientos,
¿no son rasgos desa mano?
¿No publican vuestros loores,
y el poder que en vos se encierra,   1005
todos? ¿No escribe la tierra

con caracteres de flores
grandezas vuestras? El viento
en los ecos repetido,
¿no publica que habéis sido   1010
autor de su movimiento?
El fuego y el agua luego,
¿alabanzas no os previenen,
y para este efeto tienen
lengua el agua y lengua el fuego?   1015
Luego aquí mejor podré,
inmenso Señor, buscaros,
pues en todo puedo hallaros.
Vos conocisteis la fe
que es de mi obediencia indicio: 1020
esclavo os servid de mí;
si no, llevadme de aquí
adonde os sirva.

En una apariencia un Ángel que trae un espejo en el escudo y una carta.

Ángel   ¡Patricio!

Patricio   ¿Quién llama?

Paulín   Aquí no os llamó
                    nadie. El hombre es divertido.   1025
                    Poeta debe haber sido.

Ángel   ¡Patricio!

Patricio   ¿Quién llama?

Ángel   Yo.

Paulín	El habla y a nadie veo;	
	mas hable, que no me toca	
	a mí guardalle la boca.	1030

Vase.

Patricio	Mis grandes dichas no creo,	
	pues una nube mis ojos	
	ven de nácar y arrebol,	
	y que della sale el Sol,	
	cuyos divinos despojos	1035
	son estrellas vividoras,	
	que entre jazmines y flores	
	viene vertiendo esplendores,	
	viene derramando auroras.	

Ángel	¡Patricio!	

Patricio	Un Sol me acobarda.	1040
	¿Quién sois, divino señor?	

Ángel	Patricio, amigo, Víctor	
	soy, el ángel de tu guarda.	
	Dios a que te dé, me envía,	
	esta carta.	
	Dale una carta.	

Patricio	Nuncio hermoso,	1045
	paraninfo venturoso,	
	que en superior jerarquía	
	con Dios asistís, a quien	
	en dulce, en sonoro canto	
	llamáis santo, santo, santo,	1050
	¡gloria los cielos os den!	

Ángel	Lee la carta.

Patricio	Dice aquí:
	«A Patricio» ¿Mereció
	tal dicha un esclavo? No.

Ángel	Ábrela ya.
	Patricio. Dice así:
	[Lee] «Patricio, Patricio, ven;
	sácanos de esclavitud.»
	Incluye mayor virtud
	la carta, pues no sé quién
	me llama. Custodio fiel,
	mi duda en tus manos dejo.

Ángel	Pues mírate en este espejo.

Patricio	¡Ay, cielos!

Ángel	¿Qué ves en él?

Patricio	Diversas gentes están,
	viejos, niños y mujeres,
	llamándome.

Ángel	Pues no esperes
	tanto a redimir su afán.
	Esta es la gente de Irlanda,
	que ya de tu boca espera
	la dotrina verdadera.
	Sal de esclavitud, que manda
	Dios que prediques la fe
	que tanto ensalzar deseas,

Líneas numeradas: 1055, 1060, 1065, 1070

porque su legado seas,
apóstol de Irlanda. Ve   1075
a Francia a ver a Germán,
obispo; de monje toma
el hábito; pasa a Roma,
donde letras te darán,
para conseguir el fin   1080
de tan dichoso camino,
las bulas de Celestino;
y visita a san Martín,
obispo en Tours. Y ven
conmigo ahora arrebatado   1085
en el viento, que ha mandado
Dios que noticia te den
de una empresa que guardada
tiene el mundo para ti,
y conmigo desde aquí   1090
has de hacer esta jornada.
Sube la apariencia hasta lo alto, y sin cubrirse.

Fin de la primera jornada

Jornada segunda

Salen Ludovico y Polonia.

Ludovico
           Polonia, aquél que ha querido
           desigualmente emplearse,
           no tiene de qué quejarse
           si llega a ser preferido   1095
           de otro amor, porque éste ha sido
           su castigo. ¿Quién subió,
           soberbio, que no cayó?
           Y así, mi amor anticipo
           a Filipo, que Filipo   1100
           es mucho mayor que yo
           en la nobleza que aquí
           le dio la naturaleza,
           mas no en aquella nobleza
           que ha merecido por sí.   1105
           Yo sí, Polonia, yo sí,
           que por mí mismo he ganado
           más honor que él ha heredado.
           Testigo este imperio ha sido,
           a quien han enriquecido   1110
           las vitorias que le he dado.
           Tres años ha que llegué
           a estas islas —que fue hoy
           me parece—, y tres que estoy
           en tu servicio, y no sé   1115
           si referirte podré
           presas que tu padre encierra,
           ganadas en buena guerra,
           que Marte pudo envidiar,
           siendo escándalo del mar,   1120
           siendo asombro de la tierra.

49

Polonia	Ludovico, tu valor,
	o heredado o adquirido,
	en mi pecho ha introducido
	una osadía, un temor, 1125
	un, no sé si diga, amor,
	porque me causa vergüenza,
	cuando mi pecho comienza
	a sentir y padecer,
	que me rinda su poder, 1130
	ni que su deidad me venza.
	Solo digo que ya fuera
	tu esperanza posesión,
	si la fiera condición
	de mi padre no temiera. 1135
	Mas, sirve, agrada y espera.

Sale Filipo.

Filipo (Aparte.)	(Si es que mi muerte he de hallar,
	¿por qué la vengo a buscar?
	Pero, ¿quién podrá tener
	paciencia para no ver 1140
	lo que le ha de dar pesar?)

Ludovico	Pues, ¿quién fía que serás
	mía?

Polonia	Esta mano.

Filipo	Eso no,
	que sabré estorbarlo yo,
	que no puedo sufrir más. 1145

Polonia	¡Ay de mí!
Filipo	¿La mano das a un advenedizo? —¡ay, triste! Y tú, que al Sol te atreviste, para que la pompa pierdas, ¿por qué, por qué no te acuerdas 1150 de cuando mi esclavo fuiste, para no atreverte así a mi gusto?
Ludovico	Porque hoy me atrevo por lo que soy, cuando no por lo que fui. 1155 Esclavo tuyo me vi, es verdad, que no hay quien pueda vencer la inconstante rueda; pero ya tengo valor para que iguale tu honor, 1160 si no para que te exceda.
Filipo	¿Cómo excederme? Atrevido, infame...
Ludovico	En cuanto has hablado, Filipo, te has engañado.
Filipo	No engañé.
Ludovico	Pues si no ha sido 1165 engaño...
Filipo	¿Qué?

Ludovico	...habrás mentido.

Filipo	Fuiste desleal.
	Dale un bofetón.

Polonia	¡Ay, cielos!

Ludovico

    ¿Cómo, a tantos desconsuelos,
no tomo satisfación,
cuando mis entrañas son   1170
volcanes y mongibelos?

Sacan las espadas.

Salen Egerio, rey, y Soldados, y todos se ponen de la parte de Filipo.

Rey	¿Qué es esto?

Ludovico

    Un tormento eterno,
una desdicha, una injuria,
una pena y una furia
desatada del infierno.   1175
Ninguno por su gobierno
me llegue a impedir, señor,
la venganza, que el furor,
ni a la muerte está sujeto,
y no hay humano respeto   1180
que importe más que mi honor.

Rey	¡Prendelde!

Ludovico

    Llegue el que fuere
tan osado que se atreva
a morir, porque le deba

| | a su esfuerzo el ver que muere | 1185 |
| | a tus ojos. | |

Rey   ¡Que esto espere!
                       ¡Seguilde!

Ludovico   Desesperado,
              en roja sangre bañado,
              pienso proceder un mar,
              por donde pueda pasar,   1190
              buscando a Filipo, a nado.

Acuchíllalos a todos y queda Egerio solo.

Rey   Esto solo me faltó
              tras las nuevas que he tenido,
              y es que el esclavo atrevido
              que de la prisión huyó,   1195
              de Roma a Irlanda volvió,
              y predicando la fe
              de Cristo, tan grande fue
              el número que ha seguido
              su voz, que ya dividido   1200
              el mundo en bandos se ve.
              Dícenme que es hechicero,
              pues, a muerte condenado
              de otros reyes, se ha librado
              con escándalo tan fiero,   1205
              que ya atado en un madero
              estaba, cuando la tierra
              —que tantos muertos encierra
              en sus entrañas— tembló,
              gimió el aire, y se eclipsó   1210
              el Sol, que en sangrienta guerra

no quiso dar a la Luna
luz, que en su faz resplandece;
que este Patricio parece
que tiene, sin duda alguna,   1215
de su mano a la fortuna.
Esto he sabido, y que cuantos,
entre prodigios y espantos,
admiraron su castigo
le siguieron, y hoy conmigo   1220
viene a probar sus encantos.
Venga pues, e intentos vanos
examine entre los dos;
veremos quién es el Dios
que llaman de los cristianos.   1225
Muerte le darán mis manos,
a ver si della se escapa,
en este sucinto mapa,
esfera de mi rigor,
este obispo, este pastor,   1230
que viene en nombre del Papa.

Salen todos con Ludovico.

Capitán   Ludovico viene aquí
                 preso, después que mató
                 tres de tu guarda y hirió
                 a muchos.

Rey   Cristiano, di,   1235
                 ¿cómo no tiemblas de mí,
                 viendo levantar la mano
                 de mi castigo? Aunque en vano
                 siento estas desdichas yo,
                 porque esto y más mereció   1240

54

quien hizo bien a un cristiano.
No castigo, premio sí
mereces tú, porque es bien
que a mí el castigo me den
de haberte hecho bien a ti.   1245
Preso le tened aquí
hasta su muerte. Ya vano
es mi favor soberano.
Muere a mi furor rendido,
no por cristiano atrevido,   1250
sino solo por cristiano.

Vanse todos y queda Ludovico.

Ludovico   Si por eso muero, harás
mi infeliz muerte dichosa,
pues morirá por su Dios
quien muriera por su honra.   1255
Y un hombre que vive aquí,
entre penas y congojas,
debe agradecer la muerte,
última línea de todas,
pues cortará su guadaña   1260
el hilo a vida tan loca,
que hoy empezara a ser mala,
fénix de mortales obras,
pues naciendo en las cenizas
de mi agravio y mi deshonra,   1265
mi vista fuera veneno,
mi aliento fuera ponzoña,
que en Irlanda derramara
sangre vil en tanta copia
que se borrara con ella   1270
de mi afrenta la memoria.

¡Ay, honor!, rendido yaces
a una mano rigurosa.
Muera yo contigo, y juntos
los dos no demos vitoria   1275
a aquestos bárbaros. Pues
un breve rato le sobra
a mi vida, este puñal
tome en mí venganza honrosa.
Mas, ¡válgame Dios!, ¿qué aliento   1280
endemoniado provoca
mi mano? Cristiano soy,
alma tengo, y luz piadosa
de la fe. ¿Será razón
que un cristiano intente agora,   1285
entre gentiles, acciones
a su religión impropias?
¿Qué ejemplo les diera yo
con mi muerte lastimosa,
sino que antes desmintieran   1290
las de Patricio mis obras?
Pues dijeran los que aquí
solo sus vicios adoran
y el alma niegan eterna
a la pena y a la gloria: 1295
«Que nos predique Patricio
el alma inmortal, ¿qué importa,
si Ludovico se mata
cristiano? También ignora
que es eterna, pues la pierde.»   1300
Y con acciones dudosas,
fuéramos aquí los dos,
él la luz y yo la sombra.
Baste que tan malo sea,
que aún no me arrepiento agora   1305

de mis cometidas culpas,
y que quiera intentar otras.
Pues, ¡vive Dios!, que mi vida,
si fuese posible cosa
escaparse hoy, fuera asombro   1310
del Asia, África y Europa.
Hoy empezara a tomar
venganza tan rigurosa,
que en estas islas de Egerio
no me quedara persona   1315
en quien no satisfaciera
la pena, la sed rabiosa
que tengo de sangre. Un rayo,
antes que la esfera rompa,
con un trueno nos avisa,   1320
y después, entre humo y sombras,
de fuego fingiendo sierpes,
el aire trémulo azota.
Yo así, el trueno he dado ya
para que todos le oigan,   1325
el golpe del rayo falta.
Mas, ¡ay de mí!, que se aborta
y antes que a la tierra llegue
es de los vientos lisonja.
No, no me pesa morir   1330
por morir muerte afrentosa,
sino porque acabarán,
con mi edad temprana y moza,
mis delitos. Vida quiero
para empezar desde agora   1335
mayores temeridades,
no, cielos, para otra cosa.

Sale Polonia.

Polonia (Aparte.)	(Yo vengo determinada.)	
	Ludovico, en las forzosas	
	ocasiones, el amor	1340
	ha de dar muestras heroicas.	
	Tu vida está en gran peligro;	
	mi padre airado se enoja	
	contra ti, y de su furor	
	huir el peligro importa.	1345
	Las guardas que están contigo,	
	liberalmente soborna	
	mi mano, y al son del oro	
	yacen sus orejas sordas.	
	Escápate, porque veas	1350
	cómo una mujer se arroja,	
	cómo su honor atropella,	
	cómo su respeto postra.	
	Contigo iré, pues ya es fuerza	
	que contigo me disponga	1355
	ya a vivir, o ya a morir;	
	que fuera mi vida poca	
	sin ti, que en mi pecho vives.	
	Yo llevo dinero y joyas	
	bastantes para ponernos	1360
	en las Indias más remotas,	
	donde el Sol yela y abrasa,	
	ya con rayos, ya con sombras.	
	Dos caballos a la puerta	
	esperan, diré dos onzas,	1365
	hijas del viento, aunque más	
	del pensamiento se nombran.	
	Son tan veloces que, aunque	
	huidos vamos agora,	
	nos parecerá que vamos	1370

seguros en ellos. Toma
resolución. ¿Qué imaginas?
¿Qué te suspendes? Acorta
los discursos. Y porque
fortuna, que siempre estorba   1375
al amor, no desbarate
finezas tan generosas,
yo iré delante de ti.
Sal, en tanto que, ingeniosa,
divierto guardas y doy   1380
espaldas a tu persona.
Aun el Sol nos favorece,
que, despeñado en las ondas,
para templar su fatiga
los crespos cabellos moja.   1385

Vase.

Ludovico   A las manos ha venido
la ocasión más venturosa,
pues sabe el cielo que fueron
las finezas amorosas
que con Polonia mostré   1390
fingidas, porque Polonia
conmigo se fuese donde,
valiéndome de las joyas
que llevase, yo saliese
de la infeliz Babilonia;   1395
porque, aunque en ella vivió
estimada mi persona,
era al fin esclavitud,
y mi vida libre y loca
la libertad deseaba,   1400
que ya los cielos me otorgan.

Mas para el fin que deseo,
ya me embaraza y estorba
una mujer, porque en mí
es amor una lisonja   1405
que no pasa de apetito,
y, éste ejecutado, sobra
luego al punto la mujer
más discreta y más hermosa.
Y pues que mi condición   1410
es tan libre, ¿qué me importa
una muerte más o menos?
Muera a mis manos Polonia,
porque quiso bien en tiempo
que nadie estima ni adora,   1415
y como todas viviera
si quisiera como todas.

Vase y sale el Capitán.

Capitán   Con orden vengo del Rey
                       a que Ludovico oiga
                       la sentencia de su muerte.   1420
                       Mas la puerta abierta y sola
                       la torre, ¿qué puede ser?
                       ¡Soldados! ¿No hay quien responda?
                       ¡Ah, guardas! ¡Traición, traición!

Salen el Rey, y Filipo, y Leogario.

Rey   ¿Qué das voces? ¿Qué pregonas?   1425
                       ¿Qué es esto?

Capitán   Que Ludovico
                       falta, y que las guardas todas

han huido.

| Leogario | Yo, señor, |
| | aquí vi entrar a Polonia. |

Filipo

¡Ay, cielos! Sin duda que ella   1430
le dio libertad. No ignoras
que la sirve, y que mis celos
me incitan y me provocan
a seguillos. Hoy será
Hibernia segunda Troya.   1435

Vase.

Rey

Dadme un caballo, que quiero
seguirlos por mi persona.
¿Qué dos cristianos son éstos
que, con acciones dudosas,
uno mi quietud altera,   1440
y el otro mi honor me roba?
Mas los dos serán despojos
de mis manos vengadoras,
que de mí no está seguro
aun su pontífice en Roma.   1445

Vanse.

Sale Polonia huyendo herida, y Ludovico con una daga.

Polonia

Ten la sangrienta mano,
ya que no por amante, por cristiano.
Lleva el honor y déjame la vida,
piadosamente a tu furor rendida.

Ludovico	Polonia desdichada:	1450
	pensión de la hermosura celebrada	
	fue siempre la desdicha,	
	que no se avienen bien belleza y dicha.	
	Yo, el verdugo más fiero	
	que atrevido blandió mortal acero,	1455
	con tu muerte procuro	
	mi vida, pues con ella voy seguro.	
	Si te llevo conmigo,	
	llevo de mis desdichas un testigo	
	por quien podrán seguirme,	1460
	hallarme, conocerme y perseguirme.	
	Si te dejo con vida,	
	enojada te dejo, y ofendida,	
	para que seas conmigo	
	un enemigo más —¡y qué enemigo!—.	1465
	Luego, por buen consejo,	
	hago mal si te llevo y si te dejo.	
	Y así el mejor ha sido	
	que, fiero, infame, bárbaro, atrevido,	
	desleal, inhumano,	1470
	sin ley ni Dios, te mate por mi mano,	
	pues aquí sepultada	
	en las entrañas rústicas, guardada	
	desta robusta peña,	
	quedará mi desdicha, no pequeña;	1475
	y también, porque alcanza	
	mi furia un nuevo modo de venganza,	
	quedando satisfecho	
	de que mato a Filipo si en tu pecho	
	vive, y, porque me cuadre,	1480
	no a Filipo no más, sino a tu padre.	
	Causa primera fuiste	
	de mi deshonra triste,	

| | y así has de ser primera | |
| | causa también de mi venganza fiera. | 1485 |

Polonia   ¡Ay de mí, que he querido
            mi muerte fabricar! Gusano he sido
            que labró por su mano
            su sepulcro. ¿Eres hombre? ¿Eres cristiano?

Ludovico   Demonio soy: acaba, dando indicio   1490
            de todo.

Polonia   El Dios me valga de Patricio.

Cae dentro.

Ludovico   Cayó sobre las flores,
            sembrando vidas, derramando horrores.
            Así más libremente
            escaparme podré, pues suficiente   1495
            hacienda me acompaña
            para poder vivir rico en España
            hasta que, disfrazado,
            con el tiempo mudado,
            vuelva a satisfacerme   1500
            de un traidor; que el agravio nunca duerme.
            Mas, ¿dónde desta suerte
            voy, pisando las sombras de la muerte?
            El camino he perdido,
            y quizá voy por donde inadvertido,   1505
            huyendo de tiranos,
            por escaparme, dé en sus propias manos.
            Si la vista no engaña,
            albergue pobre y rústica cabaña
            es ésta. En ella quiero   1510

informarme.

Llama y responden dentro Locía y Paulín.

Locía	¿Quién es?

Ludovico   Un pasajero,
             perdido, triste y ciego,
             ¡oh, labrador!, impide tu sosiego.

Locía   ¡Ah, Juan Paulín! Despierta,
             que parece que llaman a la puerta.   1515

Paulín   Yo estoy bien en la cama.
             Mira quién llama tú, pues por ti llama.
             ¿Quién es?

Ludovico   Un caminante.

Paulín   ¿Es caminante?

Ludovico   Sí.

Paulín   Pues, adelante,
             que aquesta no es posada.   1520

Ludovico   Ya del villano la malicia enfada.
             Derribaré la puerta.
             Cayó en el suelo.

Locía   ¡Ah, Juan Paulín, despierta!
             Mira que han derribado
             la puerta.

Paulín	Ya de un ojo he despertado,	1525
	mas del otro no puedo.	
	Sal tú conmigo allá, que tengo miedo.	
(Salen desnudos.)	¿Quién es?	

Ludovico

Callad, villanos,
si morir no queréis hoy a mis manos.
Perdido en este monte   1530
a tu casa he llegado. Así, disponte
a enseñarme el camino
de aquí al puerto, por donde yo imagino
que hoy escaparme pueda.

Paulín

Pues, venga y vaya, y tome esta vereda,   1535
y luego a esotra mano
suba, si hay monte, y baje donde hay llano;
y en llegando, esté cierto,
cuando en el puerto esté, que allí es el puerto.

Ludovico

Mejor es que tú vengas   1540
conmigo. Y no prevengas
disculpa, o, ¡vive el cielo!,
que con tu sangre has de esmaltar el suelo.

Locía

¿No es mejor, caballero,
pasar aquí la noche hasta el lucero?   1545

Paulín

¡Qué piadosa os mostráis para nonada!
¿Ya estáis del caminante inficionada?

Ludovico

Lo que te agrada escoge:
o morir o guiarme.

Paulín

No se enoje,

que escojo, sin demandas y respuestas,   1550
ir, y aun llevaros, si queréis, a cuestas,
no tanto por temer la muerte mía,
como por no le dar gusto a Locía.

Ludovico (Aparte.)   (Este, porque no diga
                            por dónde voy a alguno que me siga,   1555
                            del monte despeñado
                            ha de morir en el cristal helado
                            del mar.) Que os recojáis a vos os pido,
                            que luego volverá vuestro marido.

Vanse.

Salen el Rey Egerio y Lesbia y Leogario y el Capitán.

Lesbia   No hay rastro ninguno dellos.   1560
                            Todo el monte, valle y sierra,
                            se ha examinado hoja a hoja,
                            rama a rama y peña a peña,
                            y no se ha hallado evidente
                            indicio que nos dé muestra   1565
                            de sus personas.

Rey   Sin duda
                            los ha tragado la tierra
                            para guardarlos de mí;
                            que en el cielo no estuvieran
                            seguros, no, ¡viven ellos!   1570

Lesbia   Ya el Sol las doradas trenzas
                            estiende desmarañadas
                            sobre los montes y selvas,
                            para que te informe el día.

Sale Filipo.

Filipo   Vuestra Majestad atienda   1575
                              a la desdicha mayor,
                              más prodigiosa y más nueva
                              que el tiempo ni la fortuna
                              en fábulas representa.
                              Buscando a Polonia vine   1580
                              por esas incultas selvas,
                              y habiendo toda la noche
                              pasado, señor, en ellas,
                              a la mañana salió
                              la aurora medio despierta,   1585
                              toda vestida de luto
                              con nubes pardas y negras;
                              y con mal contenta luz
                              se ausentaron las estrellas,
                              que sola esta vez tuvieron   1590
                              por venturosa la ausencia.
                              Discurriendo a todas partes,
                              vimos que las flores tiernas
                              bañadas en sangre estaban,
                              y, sembrados por la tierra,   1595
                              despojos de una mujer.
                              Fuimos siguiendo las señas
                              hasta que llegamos donde,
                              a las plantas de una sierra,
                              en un túmulo de rosas,   1600
                              estaba Polonia muerta.
                              Está sobre una peña Polonia, muerta.
                              Vuelve los ojos: verás
                              destroncada la belleza,
                              pálida y triste la flor,

	la hermosa llama deshecha;	1605
	verás la beldad postrada,	
	verás la hermosura incierta,	
	y verás muerta a Polonia.	
Rey	¡Ay, Filipo, escucha, espera!	
	Que no hay en mí sufrimiento	1610
	con que resistirse puedan	
	tantos géneros de agravios,	
	tantos linajes de penas,	
	tantos modos de desdichas.	
	¡Ay, hija infeliz! ¡Ay, bella	1615
	prenda por mi mal hallada!	
Lesbia	El sentimiento no deja	
	aliento para quejarme.	
	¡Infeliz hermana, sea	
	compañera en tus desdichas!	1620
Rey	¿Qué mano airada y violenta	
	levantó sangriento acero	
	contra divinas bellezas?	
	Acabe el dolor mi vida.	

Dentro Patricio.

Patricio	¡Ay de ti, mísera Hibernia!	1625
	¡Ay de ti, pueblo infelice!,	
	si con lágrimas no riegas	
	la tierra, y días y noches	
	llorando ablandas las puertas	
	del cielo, que con candados	1630
	las tuvo tu inobediencia.	
	¡Ay de ti, pueblo infelice!	

             ¡Ay de ti, mísera Hibernia!

Rey	¿Qué voces, cielo, tan tristes	
	y lastimosas son éstas,	1635
	que me traspasan el pecho,	
	que el corazón me penetran?	
	Sabed quién de mi dolor	
	impide así la terneza.	
	¿Quién sino yo llora así,	1640
	y quién sino yo se queja?	

Leogario	Aquéste es, señor, Patricio,	
	que, después que dio la vuelta,	
	como tú sabes, a Irlanda,	
	de Roma, y después que en ella	1645
	le hizo el Pontífice obispo,	
	dignidad y preeminencia	
	superior, todas las islas	
	discurre desta manera.	

Patricio	¡Ay de ti, pueblo infelice!	1650
	¡Ay de ti, mísera Hibernia!	

Sale Patricio.

Rey	Patricio, que mi dolor	
	interrompes y mis penas	
	doblas con voces doradas	
	en falso veneno envueltas,	1655
	¿qué me persigues? ¿Qué quieres,	
	que así los mares y tierras	
	de mi estado, con engaños	
	y novedades alteras?	
	Aquí no sabemos más	1660

que nacer y morir. Esta
es la doctrina heredada
en la natural escuela
de nuestros padres. ¿Qué Dios
es éste que nos enseñas,   1665
que vida después nos dé,
de la temporal, eterna?
El alma, destituida
de un cuerpo, ¿cómo pudiera
tener otra vida allá,   1670
para gloria o para pena?

Patricio   Desatándose del cuerpo,
y dando a naturaleza
la porción humana, que es
un poco de barro y tierra,   1675
y el espíritu subiendo
a la superior esfera,
que es centro de sus fatigas,
si en la gracia muere; y ésta
alcanza antes el bautismo,   1680
y después la penitencia.

Rey   Luego esta beldad, que aquí
en su sangre yace envuelta,
¿allá está viviendo agora?

Patricio   Sí.

Rey   Dame un rasgo, una muestra   1685
de esa verdad.

Patricio (Aparte.) (Gran Señor,
volved vos por la honra vuestra.

70

	Aquí os importa mostrar
	de vuestro poder la fuerza.)
Rey	¿No me respondes?
Patricio	El cielo 1690
	querrá que responda ella.
	En nombre de Dios te mando,
	yerto cadáver, que vuelvas
	a vivir, restituido
	a tu espíritu, y des muestras 1695
	desta verdad, predicando
	la dotrina verdadera.
Polonia	¡Ay de mí! ¡Válgame el cielo!
	¡Qué de cosas se revelan
	al alma! ¡Señor, Señor, 1700
	detén la mano sangrienta
	de tu justicia! ¡No esgrimas
	contra una mujer sujeta
	las iras de tu rigor,
	los rayos de tu potencia! 1705
	¿Dónde me podré esconder
	de tu semblante, si llegas
	a estar enojado? Caigan
	sobre mí montes y peñas.
	Enemiga de mí misma, 1710
	hoy estimara y quisiera
	esconderme de tu vista
	en el centro de la tierra.
	Mas, ¿cómo, si a todas partes
	que mi desdicha me lleva 1715
	llevo conmigo mi culpa?
	¿No veis, no veis que esa sierra

se retira, que ese monte
se estremece? El cielo tiembla,
desquiciado de sus polos, 1720
y su fábrica perfeta
a mí me está amenazando
con su eminente soberbia.
El viento se me escurece,
el paso a mis pies se cierra, 1725
los mares se me retiran;
solo no me huyen las fieras,
que para hacerme pedazos
parece que se me acercan.
¡Piedad, gran Señor, piedad! 1730
¡Clemencia, Señor, clemencia!
El santo bautismo pido,
muera en vuestra gracia, y muera.
Mortales, oíd, oíd:
Cristo vive, Cristo reina, 1735
y Cristo es Dios verdadero.
¡Penitencia, penitencia!

Vase.

Filipo   ¡Gran prodigio!

Lesbia   ¡Gran milagro!

Capitán   ¡Qué admiración!

Leogario   ¡Qué grandeza!

Rey   ¡Gran encanto, grande hechizo! 1740
                ¡Que esto sufra, esto consienta!
                Todos. ¡Cristo es el Dios verdadero!

Rey
¡Que tenga un engaño fuerza,
pueblo ciego, para hacer
maravillas como éstas,   1745
y no tengas tú valor
para ver que la apariencia
te engaña! Y para que aquí
quede la vitoria cierta,
yo quiero rendirme como   1750
arguyendo me convenza.

Patricio
Atended, que así
nuestra disputa comienza.
Si fuera inmortal el alma,
de ningún modo pudiera   1755
estar sin obrar un punto.

Patricio
Sí, y esa verdad se prueba
en el sueño, pues los sueños,
cuantas figuras engendran,
son discursos de aquella alma   1760
que no duerme, y como quedan
entonces de los sentidos
las acciones imperfetas,
imperfetamente forman
los discursos, y por esta   1765
razón sueña el hombre cosas
que entre sí no se conciertan.

Rey
Pues, siendo así, aquel instante,
o estuvo Polonia muerta,
o no. Si es que no lo estuvo,   1770
y fue un desmayo, ¿qué fuerza
tuvo el milagro? No trato

desto; mas, si estuvo muerta,
en uno de dos lugares
estar aquel alma es fuerza,   1775
que son o cielo o infierno:
tú, Patricio, nos lo enseñas.
Si en el cielo, no es piedad
de Dios que del cielo vuelva
ninguno al mundo, y que luego   1780
éste condenarse pueda,
habiendo estado una vez
en gracia: verdad es cierta.
Si es que estuvo en el infierno,
no es justicia, pues no fuera   1785
justicia que el que una vez
pena mereció, volviera
donde pudiera ganar
gracia, y es fuerza que sean
en Dios, justicia y piedad,   1790
Patricio, una cosa mesma.
¿Pues dónde estuvo aquel alma?

Patricio   Oye, Egerio, la respuesta.
Yo concedo que del alma
bautizada, centro sea   1795
o la gloria o el infierno,
de donde salir no pueda
por el especial decreto,
hablando de la potencia
ordinaria, pero hablando   1800
de la absoluta, pudiera
Dios del infierno sacarla.
Pero no es la cuestión ésta.
Que va a uno de dos lugares
el alma, es bien que se entienda,   1805

cuando se despide el alma
del cuerpo en mortal ausencia
para no volver a él,
mas, cuando ha de volver, queda
en estado de viadora,   1810
y así se queda suspensa
en el universo, como
parte dél, sin que en él tenga
determinado lugar,
que la suma omnipotencia   1815
antevió todas las cosas
desde que su misma esencia
sacó esta fábrica a luz
del ejemplar de su idea,
y así vio este caso entonces,   1820
y seguro de la vuelta
que había de hacer aquel alma,
la tuvo entonces suspensa,
sin lugar y con lugar.
Teología sacra es ésta,   1825
con que queda respondido
a tu argumento. Y aún queda
otra cosa que advertir:
que hay más lugares que piensas,
de la pena y de la gloria   1830
que dices, y es bien que sepas
otro, que es el purgatorio,
donde el alma a purgar entra,
habiendo muerto en la gracia,
las culpas que dejó hechas   1835
en el mundo, porque nadie
entra en el cielo con ellas,
y así allí se purifica,
se acrisola, allí se acendra,

	para llegar limpia y pura	1840
	a la divina presencia.	
Rey	Esto dices tú, y no tengo	
	muestra ni señal más cierta	
	que tu voz. Dame un amago,	
	dame un rasgo, una luz de esa	1845
	verdad, y tóquela yo	
	con mis manos, porque vea	
	que lo es. Y pues que puedes	
	tanto con tu Dios, impetra	
	su gracia. Pídele tú	1850
	que, para que yo le crea,	
	te dé un ente real, que todos	
	le toquen; no todos sean	
	entes de razón. Y advierte	
	que solo un hora te queda	1855
	de plazo, y en ella hoy	
	me has de dar señales ciertas	
	de la pena y de la gloria,	
	o has de morir. Vengan, vengan	
	los prodigios de tu Dios	1860
	donde los tengamos cerca.	
	Y por si no merecemos	
	nosotros glorias ni penas,	
	dénos ese purgatorio,	
	que ni uno ni otro sea,	1865
	donde todos conozcamos	
	su divina omnipotencia.	
	La honra de tu Dios te va,	
	dile a El que la defienda.	

Vanse todos.

Patricio	Aquí, Señor inmenso y soberano,	1870
	tus iras, tus venganzas, tus castigos	
	rompan los escuadrones enemigos	
	de una ignorancia, de un error profano.	
	No piadoso procedas, pues en vano	
	a tus contrarios tratas como amigos,	1875
	y, ya que a tu poder buscan testigos,	
	rayos esgrima tu sangrienta mano.	
	Rigores te pidió el celo de Elías,	
	y la fe de Moisés pidió portentos,	
	y, aunque suyas no son las voces mías,	1880
	penetrarán el cielo sus acentos,	
	pidiéndote, Señor, noches y días,	
	portentos y rigores, porque atentos	
	a glorias y a tormentos,	
	por sombras, por figuras, sea notorio	1885
	al mundo, cielo, infierno y purgatorio.	

Baja un Ángel Bueno, y sale otro Malo.

Ángel Malo	Temeroso de que el cielo	
	descubra a Patricio santo	
	este prodigio, este encanto,	
	mayor tesoro del suelo,	1890
	quise, de rigores lleno,	
	como ángel de luz, venir	
	a turbar y prevenir,	
	vertiendo rabia y veneno,	
	su petición.	

Ángel Bueno	No podrás,	1895
	monstruo cruel, porque soy	
	quien en su defensa estoy.	
	Enmudece, no hables más.	

Patricio, tu petición
oyó Dios, y así ha querido   1900
dejarte favorecido
con esta revelación.
Busca en estas islas una
cueva, que es en su horizonte
la bóveda de ese monte   1905
y el freno de esa laguna,
y el que entrare osado a vella
con contrición, confesados
antes todos sus pecados,
tendrá el purgatorio en ella.   1910
En ella verá el infierno,
y las penas que padecen
los que en sus culpas merecen
tormentos de fuego eterno;
verá una iluminación   1915
de la gloria y paraíso,
pero dase cierto aviso:
que aquél que sin contrición
entrare, por solo ver
los misterios de la cueva,   1920
su muerte consigo lleva,
pues entrará a padecer
mientras que Dios fuere Dios;
el cual, por favor segundo,
de las fatigas del mundo   1925
hoy te sacará, y los dos
os veréis en la región
del empíreo soberano,
subiendo a ser ciudadano
de la celestial Sión,   1930
dejando el mayor indicio
del milagro más notorio

del mundo, en el purgatorio
que llamen de san Patricio.
Y en prueba de que es verdad   1935
un milagro tan divino,
aquesta fiera que vino
a profanar tu piedad
llevaré al oscuro abismo,
prisión, calabozo y centro,   1940
porque se atormenten dentro
su envidia y veneno mismo.

Cúbrese la apariencia.

Patricio   ¡Gloria los cielos te den,
                  inmenso Señor, pues sabes
                  con maravillas tan graves   1945
                  volver por tu honor tan bien!
                  ¡Egerio!

Salen todos.

Rey   ¿Qué quieres?

Patricio   Ven
                  por este monte conmigo,
                  y cuantos vienen contigo
                  me sigan, y en él verán   1950
                  imágenes donde están
                  juntos el premio y castigo.
                  Verán un amago breve
                  de un prodigio dilatado,
                  un milagro continuado,   1955
                  a cuya grandeza debe
                  admiración quien se atreve

	a descifrar su secreto;	
	verán un rasgo perfeto	
	de maravillas que están	1960
	guardadas aquí; y verán	
	infierno y gloria en efeto.	

Rey

Mira, Patricio, que vas
entrando a una parte donde
aun la luz del Sol se esconde,   1965
que aquí no llegó jamás.
El monte que viendo estás,
ningún hombre ha sujetado,
que su camino intrincado,
en tantos siglos no ha sido   1970
de humana planta seguido,
de inculta fiera pisado.

Filipo

    Los naturales que aquí
largas edades vivimos,
a ver no nos atrevimos   1975
los secretos que hay ahí,
porque se defiende a sí
tanto la entrada importuna
que no hay persona ninguna
que pase por su horizonte   1980
los peñascos de ese monte,
las ondas de la laguna.

Rey

    Solo con agüeros graves
oímos, por más espanto,
el triste, el funesto canto   1985
de las más noturnas aves.

Filipo

    De penetralle no acabes.

80

Patricio	No os cause el temor desvelos,
	que tesoro de los cielos
	se guarda aquí.

Rey	¿Qué es temor?	1990
	¿Pueden a mí darme horror
	volcanes y mongibelos?
	Cuando con asombro sumo
	llamas los centros suspiren,
	rayos las esferas tiren,	1995
	diluvios de fuego y humo,
	de mi valor no presumo
	que me dé temor.

Sale Polonia.

Polonia	Detente,
	pueblo bárbaro, imprudente
	y osado. Con paso errante	2000
	no pases más adelante,
	que está tu desdicha enfrente.
	Huyendo de mí misma, he penetrado
	deste rústico monte la espesura,
	cuyo ceño, de robles coronado,	2005
	amenazó del Sol la lumbre pura,
	porque en su oscuro centro, sepultado
	mi delito, viviese más segura,
	hallando puerto en seno tan profundo
	a los airados piélagos del mundo.	2010
	Llegué a esta parte, sin haber tenido
	norte que me guiase, porque es tanta
	su soberbia que nunca ha consentido
	muda impresión de conducida planta

su semblante intrincado y retorcido,   2015
que visto admira, que admirado espanta,
causando asombros con inútil guerra:
misterio incluye, maravilla encierra.
¿No ves ese peñasco que parece
que se está sustentando con trabajo,   2024
y con el ansia misma que padece
ha tantos siglos que se viene abajo?
Pues mordaza es que sella y enmudece
el aliento a una boca, que debajo
abierta está, por donde con pereza   2025
el monte melancólico bosteza.
Esta, pues, de cipreses rodeada,
entre los labios de una y otra peña,
descubre la cerviz desaliñada,
suelto el cabello, a quien sirvió de greña   2030
inútil yerba, aun no del Sol tocada,
donde en sombras y lejos nos enseña
un espacio, un vacío, horror del día,
funesto albergue de la noche fría.
Yo quise entrar a examinar la cueva   2035
para mi habitación. Aquí no puedo
proseguir, que el espíritu se eleva,
desfallece la voz, crece el denuedo.
¡Qué nuevo horror, qué admiración tan nueva
os contara, a no ser tan dueño el miedo,   2040
helado el pecho y el aliento frío,
de mi voz, de mi acción, de mi albedrío!
Apenas en la cueva entrar quería,
cuando escucho en sus cóncavos, veloces
—como de quien se queja y desconfía   2045
de su dolor—, desesperadas voces.
Blasfemias, maldiciones solo oía,
y repetir delitos tan atroces,

que pienso que los cielos, por no oíllos,
quisieron a esa cárcel reducillos.   2050
Llegue, atrévase, ose el que lo duda;
entre, pruebe, examine el que lo niega;
verá, sabrá y oirá, sin tener duda,
furias, penas, rigores, cuando llega;
porque mi voz absorta, helada y muda,   2055
a miedo, espanto, novedad se entrega,
y no es bien que se atrevan los humanos
a secretos del cielo soberanos.

Patricio   Esta cueva que ves, Egerio, encierra
misterios de la vida y de la muerte;   2060
pero falta decirte cuánto yerra
quien en pecado su misterio advierte.
Pero el que confesado se destierra
el temor, y con pecho osado y fuerte
entrare aquí, su culpa remitida   2065
verá y el purgatorio tendrá en vida.

Rey   ¿Piensas, Patricio, que a mi sangre debo
tan poco, que me espante ni me asombre,
o que como mujer temblando muero?
Decid, ¿quién de vosotros será el hombre   2070
que entre? ¿Callas, Filipo?

Filipo   No me atrevo.

Rey   Tú, capitán, ¿no llegas?

Capitán   Solo el nombre
me atemoriza.

Rey   ¿Atréveste, Leogario?

Leogario	Es el cielo, señor, mucho contrario.

Rey	¡Oh, cobardes, oh, infames, hombres viles,	2075
	indignos de ceñir templado acero,	
	sino de solo adornos mujeriles!	
	Pues yo he de ser, villanos, quien primero	
	los encantos extraños y sutiles	
	deslustre de un cristiano, un hechicero.	2080
	Mirad en mí, con tan valiente extremo,	
	que ni temo su horror, ni a su Dios temo.	

Aquí se ha descubierto una boca de una cueva, lo más horrible que se pueda imitar, y dentro della está un escotillón, y en poniéndose en él Egerio, se hunde con mucho ruido, y suben llamas de abajo, oyéndose muchas voces.

Polonia	¡Qué asombro!

Leogario	¡Qué prodigio!

Filipo	¡Qué portento!

Capitán	Llamas el centro de la tierra espira.

Vase.

Leogario	Los ejes rotos vi del firmamento.	2085

Vase.

Polonia	El cielo desató toda su ira.

Vase.

Lesbia	La tierra se estremece y gime el viento.

Vase.

Patricio	La mano vuestra, gran Señor, admira vuestros contrarios.

Vase.

Filipo   ¿Quién será el sin juicio
                que entre en el purgatorio de Patricio?   2090

Vase.

Fin de la segunda jornada

Jornada tercera

Salen Paulín y Ludovico.

Paulín
Algún día había de ser,
pues fue fuerza que llegase,
el que yo te preguntase
lo que pretendo saber.
Ve conmigo. Yo salí   2095
de mi cabaña a enseñarte
el camino, y a la parte
donde te embarcaste fui.
Allí otra vez me dijiste:
«a mi mano has de morir   2100
o conmigo has de venir»,
y, como a escoger me diste,
escogí del mal el más,
que fue venirme contigo,
a quien como sombra sigo   2105
en cuantas provincias has
discurrido: Italia, España,
Francia, Escocia, Ingalaterra;
y, en efeto, no hubo tierra
que, por remota y extraña,   2110
se te escapase. Y, al fin,
después de haber caminado
tanto, la vuelta hemos dado
a Irlanda. Yo, Juan Paulín,
confuso de ver que vienes   2115
barba y cabello crecido,
mudando lengua y vestido,
pregunto, ¿qué causa tienes
para hacer estos disfraces?
No sales de la posada   2120

de día, y en la noche helada
mil temeridades haces,
sin advertir que llegamos
a una tierra donde todo
está trocado, de modo   2125
que nada, señor, dejamos,
como lo hallamos: Egerio,
desesperado murió,
y Lesbia, su hija, quedó
heredera deste imperio,   2130
porque Polonia ...

Ludovico   Prosigue,
sin que a Polonia me nombres.
No me mates, no me asombres
con suceso que me obligue
a hacer extremos. Ya sé   2135
que Polonia al fin murió.

Paulín   El huésped me lo contó,
y me dijo cómo fue
el hallarla muerta y ...

Ludovico   Calla,
porque no quiero saber   2140
su muerte, pues no ha de ser
para sentilla y lloralla.

Paulín   Al fin, me dijo que acá,
dejando errores profanos,
todos son buenos cristianos,   2145
porque un Patricio, que ya
murió ...

Ludovico	¿Patricio murió?
Paulín	El huésped lo dice así.
Ludovico (Aparte.)	(Mal mi palabra cumplí.) Prosigue.

Paulín	Les predicó	2150
	la fe de Cristo, y en prueba	
	de que es divina verdad	
	del alma la eternidad,	
	aquí descubrió una cueva.	
	¡Y qué cueva! Atemoriza	2155
	el oíllo.	
Ludovico	Ya lo sé,	
	que otras veces lo escuché	
	y el cabello se me eriza,	
	porque aquí los moradores	
	ven prodigios cada día.	2160
Paulín	Como tu melancolía,	
	entre asombros y temores,	
	no te deja hablar ni ver	
	a nadie, y siempre encerrado	
	estás, señor, no has llegado	2165
	a ver, oír y saber	
	estas cosas; pero aquí	
	es lo que menos importa;	
	mi prolija duda acorta	
	y a lo que venimos di.	2170
Ludovico	Quiero a todo responderte.	
	De tu casa te saque,	

y mi intento entonces fue
darte en el campo la muerte.
Mas parecióme mejor   2175
que, llevándote conmigo,
mi compañero y amigo
fueses, quitando el temor
que me causaba llegar
a hablar a nadie, y, en fin,   2180
yendo conmigo, Paulín,
me pudiste asegurar.
Varias tierras anduvimos,
nada en ellas te faltó.
Y respondiéndote yo   2185
agora a lo que venimos,
sabe que es a dar la muerte
a un hombre, de quien estoy
ofendido, y así voy
encubriendo desta suerte   2190
el traje, la patria, el nombre.
Y de noche este fin sigo,
por ser mi fuerte enemigo
el más poderoso hombre
desta tierra. Ya que a ti   2195
fío todo mi secreto,
escucha para qué efeto
hoy me has seguido hasta aquí.
Tres días ha que llegué
a esta ciudad disfrazado,   2200
y dos noches que embozado
a mi enemigo busqué
en su casa y en su calle,
y un hombre que a mí llegó,
embozado, me estorbó   2205
por dos veces el matalle.

Este me llama y, después
que voy, se desaparece
tan veloz que me parece
que lleva el viento en los pies.   2210
Hete esta noche traído
porque, si acaso viniere,
escapar de dos no espere,
pues entre los dos cogido
le podremos conocer.   2215

Paulín   ¿Y quién son los dos?

Ludovico   Tú y yo.

Paulín   Yo no soy ninguno.

Ludovico   ¿No?

Paulín   No, señor, ni puedo ser
uno ni medio en notorios
peligros con que me asombras.   2220
¿Yo con las señoras sombras
y señores purgatorios?
En mi vida me metí
con cosas del otro mundo,
y en justa razón me fundo.   2225
Mandadme, señor, a mí
que con mil hombres me mate,
que en esta ocasión yo sé
que de todos mil huiré,
y aun del uno, que es dislate   2230
digno del hombre más loco
que haya quien morirse quiera
por no dar una carrera,

	cosa que cuesta tan poco.	
	Estimo en mucho mi vida;	2235
	déjame, señor, aquí,	
	y después vuelve por mí.	

Ludovico   Esta es la casa. Homicida
de Filipo hoy he de ser.
Veamos si el cielo pretende   2240
defenderle y le defiende.
Aquí te puedes poner.

Paulín   No hay para qué, que ya allí

Sale un hombre embozado.

     un hombre viene.

Ludovico   Dichoso
soy, si llega la ocasión   2245
en que dos venganzas tomo
—pues esta noche no habrá
a mis rigores estorbo—,
dando muerte a este embozado
antes que a Filipo. Solo   2250
viene; él es, que ya las señas
por el talle reconozco,
o porque me atemoriza
el miralle, y me da asombro.

Embozado   ¡Ludovico!

Ludovico   Ya ha dos noches,   2255
caballero, que aquí os topo.
Si me llamáis, ¿por qué huís?

y, si me buscásteis, ¿cómo
os ausentásteis?
Embozado. Seguidme,
sabréis quién soy.

Ludovico   Tengo un poco   2260
que hacer en aquesta calle
y impórtame el quedar solo,
porque en matándoos a vos
tengo que matar a otro.
O saquéis o no la espada,   2265
desta manera dispongo

Saca la espada y acuchilla el viento.

dos venganzas. ¡Vive Dios,
que el aire acuchillo y corto
y no otra cosa! Paulín,
ataja tú por esotro   2270
lado.

Paulín   Yo no sé atajar.

Ludovico   Pues he de seguiros todo
el lugar hasta que sepa
quién sois. En vano propongo
darle muerte, ¡vive Dios!,   2275
que rayos de acero arrojo
y que de ninguna suerte
le ofendo, hiero ni toco.

Vase tras él acuchillándole y sale Filipo.

Paulín   Vayan en buen hora. Ya

salió de la calle y otro 2280
se viene a mí. Más tentado
estoy que algún san Antonio
de figuras y fantasmas.
En esta puerta me escondo
en tanto que aquéste pasa. 2285

Filipo   Amor atrevido y loco,
con los favores de un reino
me haces amante dichoso.
Fuese Polonia al desierto,
donde entre peñas y troncos, 2290
ciudadana de los montes,
isleña de los escollos,
vive, renunciando en Lesbia
el reino. Yo, codicioso
más que amante, a Lesbia sirvo, 2295
a la majestad adoro.
De hablarla vengo a una reja,
donde mil finezas oigo.
Mas, ¿qué es esto? Cada noche
un hombre a mis puertas topo. 2300
¿Quién será?

Paulín (Aparte.)   (Hacia mí se viene;
¿mas que hay para mí y todo
fantasmita?)

Filipo   Caballero.

Paulín (Aparte.)   (A este nombre no respondo.
No habla conmigo.)

Filipo   Esa es 2305

94

mi casa.

Paulín	Yo no os la tomo; gocéisla un siglo sin huésped de aposento.

Filipo	Si es forzoso estar en aquesta calle —que eso ni apruebo ni toco—, 2310 dadme lugar a que pase.

Paulín (Aparte.)	(Cortés habló y temeroso. También hay sombras gallinas.) Yo tengo mucho o un poco que hacer; entrad norabuena, 2315 que a ningún señor estorbo que se entre a acostar, ni es justo.

Filipo (Aparte.)	Yo la condición otorgo. (Bravas sombras esta calle tiene. Cada noche noto 2320 que delante de mí viene un hombre, y, más cuidadoso, reparo que se me pierde en estos umbrales propios, pero a mí ¿qué me va en esto?) 2325

Vase.

Saca la espada.

Paulín	Ya se fue. Agora es forzoso esto: ¡Aguarda, sombra fría, si eres sombra o si eres sombro!

No le alcanzo, ¡vive Dios!,
que el aire acuchillo y corto.   2330
Mas si es éste el caballero
que en el sereno nosotros
esperamos, ¡vive Dios!,
que él es un hombre dichoso,
pues ya se ha entrado a acostar.   2335
Mas otra vez ruido oigo
de cuchilladas y voces.
Allí son; por aquí corro.

Vase, y sale Ludovico y el embozado.

Ludovico   Ya salimos, caballero,
de la calle. Si era estorbo   2340
reñir en ella, ya estamos
cuerpo a cuerpo los dos solos.
Y pues mi espada no ofende
vuestra persona, me arrojo
a saber quién sois. Decidme,   2345
¿sois hombre, sombra o Demonio?
¿No habláis? Pues he de atreverme
a quitaros el embozo.
Descúbrele y está debajo una muerte.
y saber ... ¡Válgame el cielo!
¿Qué miro? ¡Ay, Dios, qué espantoso   2350
espectáculo! ¡Qué horrible
visión! ¡Qué mortal asombro!
¿Quién eres, yerto cadáver,
que deshecho en humo y polvo
vives hoy?
Embozado. ¿No te conoces?   2355
Este es tu retrato propio:
yo soy Ludovico Enio.

Desaparece.

Ludovico   ¡Válgame el cielo! ¿Qué oigo?
                   ¡Válgame el cielo! ¿Qué veo?
                   Sombras y desdichas toco: 2360
                   muerto soy.
                   Cae en el suelo y sale Paulín.

Paulín   La voz es esta
                   de mi señor. El socorro
                   le llega a buen tiempo en mí.
                   ¡Señor!

Ludovico   ¿A qué vuelves, monstruo
                   horrible? Ya estoy rendido   2365
                   a tu voz.

Paulín (Aparte.)   (El está loco.)
                   Que no soy el monstruo horrible;
                   Juan Paulín soy, aquel tonto
                   que sin qué ni para qué
                   te sirve.

Ludovico   ¡Ay, Paulín! De modo   2370
                   estoy que ignoro quién eres.
                   Pero, qué mucho, si ignoro
                   quién soy yo. ¿Viste, por dicha,
                   un cadáver temeroso,
                   un muerto con alma, un hombre   2375
                   que en el armadura solo
                   se sustentaba, la carne
                   negada a los huesos broncos,
                   las manos yertas y frías,

y el cuerpo desnudo y tosco,   2380
de sus cóncavos vacíos
desencajados los ojos?
¿Por dónde fue?

Paulín   Pues si yo
le hubiera visto, forzoso
fuera que no lo dijera,   2385
pues en ese instante propio
cayera de esotro lado
más muerto que él.

Ludovico   Y aun yo y todo,
pues la voz muda, el aliento
triste, el pecho pavoroso   2390
visten de yelo el sentido,
calzan a los pies de plomo.
Sobre mí he visto pendiente
la máquina de dos polos,
siendo de tanta fatiga   2395
breves Atlantes mis hombros.
Parece que se levanta
de cada flor un escollo,
de cada rosa un gigante,
porque, sus cóncavos rotos,   2400
quiere arrojar de su vientre
los muertos que guarda en polvo.
Yo vi a Ludovico Enio
entre ellos. ¡Cielos piadosos,
escondedme de mí mismo,   2405
y en el centro más remoto
me sepultad, no me vea
a mí pues no me conozco!
Pero sí conozco, sí,

pues sé que fui yo aquel monstruo   2410
tan rebelde que a Dios mismo
se atrevió soberbio y loco;
aquél que tantos delitos
cometió, que fuera poco
castigo que Dios mostrara   2415
en él sus rigores todos,
y que, mientras fuera Dios,
padeciera rigurosos
tormentos en los infiernos.
Mas, después desto, conozco   2420
que son hechos contra un Dios
tan divino y tan piadoso,
que puedo alcanzar perdón
cuando arrepentido lloro.
Yo lo estoy, Señor, y en prueba   2425
de que hoy empiezo a ser otro
y que nazco nuevamente,
en vuestras manos me pongo.
No me juzguéis, justiciero;
pues son atributos propios   2430
la justicia y la piedad,
juzgad misericordioso.
Mirad vos qué penitencia
puedo hacer, que yo la otorgo,
que será satisfación   2435
de mi vida.

Dentro música.

Dentro. El purgatorio.

Ludovico   ¡Válgame el cielo! ¿Qué escucho?
                  Acentos son sonorosos,

iluminación parece
del cielo, que misterioso   2440
da auxilios al pecador.
Y pues en él reconozco
lo que Dios inspira, quiero
entrar en el purgatorio
de Patricio, y cumpliré,   2445
sujeto, humilde y devoto,
la palabra que le di,
viendo —si tal dicha toco—
a Patricio. Si este intento
es terrible, es riguroso,   2450
porque no hay humanas fuerzas
que resistan los asombros,
ni que sufran los tormentos
que ejecutan los demonios,
también fueron rigurosas   2455
mis culpas. Médicos doctos,
a peligrosas heridas
dan remedios peligrosos.
Vente conmigo, Paulín,
verás que a los pies me postro   2460
del obispo, y que confieso
allí mis pecados todos
a voces, por más espanto.

Paulín   Pues, para eso, vete solo,
que no ha de ir acompañado   2465
un hombre tan animoso.
Y no he oído que ninguno
vaya al infierno con mozo.
A mi aldea me he de ir,
allí vivo sin enojos,   2470
y fantasma por fantasma,

bástame mi matrimonio.

Vase.

Ludovico   Públicas fueron mis culpas,
y así públicas dispongo
las penitencias. Iré   2475
dando voces, como loco,
publicando mis delitos.
Hombres, fieras, montes, globos
celestiales, peñas duras,
plantas tiernas, secos olmos,   2480
yo soy Ludovico Enio,
temblad a mi nombre todos,
que soy monstruo de humildad
si fui de soberbia monstruo,
y tengo fe y esperanza   2485
que me veréis más dichoso,
si en nombre de Dios, Patricio
me ayuda en el purgatorio.

Vase.

Sale en lo alto del monte Polonia, y baja al tablado.

Polonia   Quisiera, ¡oh, Señor mío!,
que en estas soledades,   2490
una y mil voluntades
os diera mi albedrío,
y liberal quisiera
que cada voluntad un alma fuera.
Quisiera haber dejado,   2495
no un reino humilde y pobre,
sino el imperio sobre

quien, siempre coronado,
ilumina y pasea
el Sol en cuantos círculos rodea.   2500
Esta humilde casilla,
tan pobre y tan pequeña,
parto de aquesa peña,
octava maravilla
es, cuyo breve espacio   2505
la majestad excede del palacio.
Más precio ver la salva
del día cuando llora
blando aljófar la aurora
en los Brazos del alba,   2510
y el Sol, hermoso en ellas,
sale con vanidad borrando estrellas;
más precio ver que baña,
al descender la noche,
su luminoso coche   2515
en las ondas de España,
pudiendo la voz mía
alabaros, Señor, de noche y día,
que ver las majestades,
con soberbia servidas,   2520
siempre desvanecidas
con locas vanidades,
siendo —¿a quién no le asombra?—
la vida —yo lo sé— caduca sombra.

Sale Ludovico.

Ludovico (Aparte.)   (Yo voy constante y fuerte,   2525
                      mi espíritu me lleva
                      buscando aquella cueva
                      donde el cielo me advierte

	la salud conocida,	
	teniendo en ella purgatorio en vida.)	2530
	Dígasme tú, divina	
	mujer, que este horizonte	
	vives, siendo del monte	
	moradora vecina,	
	¿qué camino da indicio	2535
	para ir al purgatorio de Patricio?	

Polonia	Dichoso peregrino,	
	que así buscando vienes	
	de los más ricos bienes	
	el tesoro divino,	2540
	bien podré yo guiarte,	
	que para eso no más vivo esta parte.	
	¿Ves ese monte?	

Ludovico (Aparte.)	(Y veo	
	mi muerte en él.)	

Polonia (Aparte.)	(¡Ay, triste!	
	Alma, ¿qué es lo que viste?)	2545

Ludovico (Aparte.)	(¿Si es ella? No lo creo.)

Polonia (Aparte.)	(¿Si es él? No certifico.)

Ludovico (Aparte.)	(¿Esta es Polonia?)

Polonia (Aparte.)	(¿Aquél es Ludovico?)

Ludovico (Aparte.)	(Pero ilusión ha sido,	
	porque a volver me obligue	2550
	de mi intento.) Prosigue.	

Polonia (Aparte.)   (¿Si vencerme ha querido
                     el común enemigo?
                     con sombras?)

Ludovico   ¿No prosigues?

Polonia   Ya prosigo.
                     Pues este monte tiene   2555
                     ese prodigio dentro,
                     a cuyo escuro centro
                     nadie por tierra viene,
                     y así por agua llega,
                     que esa laguna en barcos se navega.   2560
(Aparte.)   (Con la venganza lucho,
                     con la piedad me venzo.)

Ludovico (Aparte.)   (Nuevas dudas comienzo,
                     pues la miro y escucho.)

Polonia (Aparte.)   (Peleando estoy conmigo.)   2565

Ludovico (Aparte.)   (Muerto estoy.) ¿No prosigues?

Polonia   Ya prosigo.
                     Esa laguna cerca
                     todo el monte eminente,
                     y así, más fácilmente,
                     por ella está más cerca   2570
                     un convento sagrado,
                     en medio de la isla fabricado.
                     Canónigos reglares
                     le habitan, y a su cargo
                     está el discurso largo   2575

	de avisos singulares,	
	de misas, confesiones,	
	ceremonias y muchas prevenciones	
	que debe hacer primero	
	quien padecer quisiere	2580
(Aparte.)	en vida. (Pues no espere	
	este enemigo fiero	
	vencerme.)	

Ludovico (Aparte.)	(Mi esperanza	
	no ha de tener aquí desconfianza	
	viendo el mayor delito	2585
	presente. Aunque me ofrece	
	culpas en que tropiece,	
	vencerme solicito.)	

Polonia (Aparte.)	(¡Con qué fuerte enemigo	
	me veo!)	

| Ludovico | ¿No prosigues? | |

| Polonia | Ya prosigo. | 2590 |

Ludovico	Pues el discurso acorta,	
	porque el alma me avisa	
	que importa el irme aprisa.	

| Polonia | A mí también me importa | |
| | que te vayas. | |

Ludovico	Pues sea	2595
	diciéndome, mujer, por dónde vea	
	el camino.	

Polonia	Ninguna
	persona de aquí pasa acompañada,
	y así la esfera helada
	de esa breve laguna, 2600
	en un barco pequeño
	has de pasar, siendo absoluto dueño
	de tus acciones. Llega,
	que en la orilla está atado,
	y en solo Dios fiado, 2605
	los cristales navega
	de ese piélago presto.
Ludovico	A mí también me va la vida en esto,
	y así al barco me entrego.
	¡Qué horror al alma ofrece! 2610
	Un ataúd parece,
	y yo, solo, navego
	por esta nieve fría.

Éntrase dentro.

Polonia	Pues no vuelvas atrás, sigue y confía.
Ludovico	Vencí, vencí, Polonia, 2615
	pues que no me ha rendido
	tu vista.
Polonia	Yo he vencido,
	en esta Babilonia
	confusa, enojo y ira.
Ludovico	Tu fingido semblante no me admira, 2620
	aunque tomases forma
	para que yo dejase

el fin que sigo y que desconfiase.

Polonia	Mal el temor te informa,	
	de ánimo pobre y de temores rico,	2625
	porque yo soy Polonia, Ludovico.	
	La misma a quien tú diste	
	muerte, que venturosa	
	hoy vive más dichosa	
	en este estado triste.	2630

Ludovico	Pues ya el alma confiesa	
	su culpa, y más de tu rigor le pesa,	
	mis errores perdona.	

Polonia	Sí hago, y tu intento apruebo.	

Ludovico	Mi fe conmigo llevo.	2635

Polonia	Esta sola te abona.	

Ludovico	Adiós.	

Polonia	Adiós.	

Ludovico	Él su rigor aplaque.	

Polonia	Y Él con vitoria de ese horror te saque.	

Vanse.

Salen dos Canónigos Reglares.

Canónigo 1.º	Las ondas de la laguna	
	se mueven sin el veloz	2640

viento; sin duda a la isla
llegan peregrinos hoy.

Canónigo 2.º   Vamos a la orilla a ver
quiénes tan osados son,
que se atreven a tocar   2645
nuestra oscura habitación.

Sale Ludovico.

Ludovico   Ya el barco fie a las ondas,
diré, el ataúd, mejor.
¿Quién navegó en sus sepulcros,
nieve y fuego, sino yo?   2650
¡Qué ameno sitio que es éste!
Aquí pienso que llamó
a cortes la primavera
la noble y plebeya flor.
¡Qué triste monte es aquél!   2655
Tan disformes son los dos,
que les hace más amigos
la contraria oposición.
Allí cantan tristes aves
quejas que causan temor,   2660
aquí pájaros alegres
enamoran con su voz.
Allí bajan los arroyos
despeñados con horror,
y aquí mansamente corren   2665
dándole espejos al Sol.
En medio desta fealdad
y esta hermosura, sacó
la frente un grave edificio:
miedo me causa y amor.   2670

108

Mostrando pena y contento,
en este lugar estoy.

Canónigo 1.º   Venturoso caminante
que te has atrevido hoy
a llegar a estos umbrales,   2675
mil parabienes te doy.
Llega a mis Brazos.

Ludovico   Al suelo
que pisas será mejor,
y llévame, por piedad,
agora a ver al prior   2680
que este convento gobierna.

Canónigo 1.º   Aunque indigno, yo lo soy.
Habla, prosigue, ¿qué dudas?

Ludovico   Padre, si dijera yo
quién soy, temiera que, oyendo   2685
de mí, le diera temor
mi nombre, porque mis obras
tan abominables son
que por no verlas se cubre
de luto ese resplandor.   2690
Soy un abismo de culpas
y un piélago de furor;
soy un mapa de delitos,
y el más grave pecador
del mundo; y para decillo   2695
todo en sola una razón
—aquí me falta el aliento—,
Ludovico Enio soy.
Vengo a entrar en esta cueva

donde, si hay satisfación   2700
a tantas culpas, lo sea
su penitencia. Yo estoy
absuelto, ya que el obispo
de Hibernia me confesó,
e informado de mi intento,   2705
con agrado y con amor,
me consoló, y para ti
aquestas cartas me dio.

Canónigo 1.º   No se toma en solo un día
tan gran determinación,   2710
Ludovico, que estas cosas
muy para pensadas son.
Estad aquí algunos días
huésped, y después los dos
lo veremos más despacio.   2715

Ludovico   No, padre mío, eso no,
que no me he de levantar
desta tierra hasta que vos
me concedáis este bien.
Auxilio fue, inspiración   2720
de Dios la que aquí me trujo,
no vanidad, no ambición,
no deseo de saber
secretos que guarda Dios.
No pervirtáis este intento,   2725
que es divina vocación.
Padre mío, piedad pido:
dad a mis penas favor,
dad a mis ansias consuelo,
dad alivio a mi dolor.   2730

110

Canónigo 1.º	Tú, Ludovico, ¿no adviertes
	que pides mucho, y que son
	los tormentos del infierno
	los que has de pasar? Valor
	no tendrás para sufrirlos. 2735
	Muchos, Ludovico, son
	los que entraron, pero pocos
	los que salieron.
Ludovico	Temor
	no me dan sus amenazas,
	que yo protesto que voy 2740
	solo a purgar mis pecados,
	cuyo número excedió
	a las arenas del mar
	y a los átomos del Sol.
	Firme esperanza tendré 2745
	puesta siempre en el Señor,
	a cuyo nombre, vencido
	queda el infierno.
Canónigo 1.º	El fervor
	con que lo dices me obliga
	que abra las puertas hoy. 2750
	Esta, Ludovico, es
	la cueva.

Abren la boca de la cueva.

Ludovico	¡Válgame Dios!
Canónigo 1.º	¿Ya desmayas?
Ludovico	No desmayo;

asombro el verla me dio.

Canónigo 1.º	Aquí otra vez te protesto:	2755
	no entres por causa menor	
	que por pensar que así alcanzas	
	de tus pecados perdón.	

Ludovico	Padre, ya estoy en la cueva.	
	Aquí atiendan a mi voz	2760
	hombres, fieras, cielos, montes,	
	día, noche, Luna y Sol,	
	a quien mil veces protesto,	
	a quien mil palabras doy,	
	que entro a padecer tormentos,	2765
	por ser tan gran pecador	
	que tan grande penitencia	
	es poca satisfación	
	de mis culpas, y pensar	
	que está aquí mi salvación.	2770

Canónigo 1.º	Pues entra, y siempre en la boca	
	lleva, y en el corazón,	
	de Jesús el nombre.	

Ludovico	Él sea	
	conmigo. Señor, Señor,	
	armado de vuestra fe,	2775
	en el campo abierto estoy	
	con mi enemigo; este nombre	
	me ha de sacar vencedor.	
	La señal de la cruz hago	
	mil veces. ¡Válgame Dios!	2780

Aquí entra en la cueva, que será como se pudiere hacer más horrible, y cierren con un bastidor.

Canónigo 1.º	De cuantos aquí han entrado,	
	nadie tuvo igual valor.	
	Dádsele, justo Jesús;	
	resista la tentación	
	de los demonios, fiado,	2785
	divino Señor, en vos.	

Vanse.

Salen Lesbia, Filipo, Leogario, Capitán, y Polonia.

Lesbia	Antes, pues, que lleguemos	
	donde nos lleva tu valor, podemos	
	decir a qué venimos	
	todos a verte, puesto que trujimos	2790
	determinado intento.	

Polonia	Decid andando vuestro pensamiento,	
	y siguiendo mi paso,	
	porque os llevo a admirar el mayor caso	
	que humanos ojos vieron.	2795

Lesbia	Pues nuestras pretensiones éstas fueron:	
	Polonia, tú veniste	
	a este monte, y en él vivir quisiste,	
	haciéndome heredera,	
	en vida, de un imperio; yo quisiera	2800
	darte en mi intento parte,	
	y así de todo aquí vengo a informarte.	
	Mi voluntad te dejo,	
	preceptos pido, hermana, no consejo.	

	Una mujer no tiene	2805
	valor para el consejo, y le conviene	
	casarse.	

Polonia   Y es muy justo,
y si es Filipo el novio, ése es mi gusto,
pues con eso he podido,
Lesbia, dejarte el reino y el marido,   2810
porque todo lo debas
a mi amor.

Filipo   Las edades vivas nuevas
del Sol, que cada día muere y nace,
y fénix de sus rayos se renace.

Polonia   Pues ya que habéis logrado   2815
vuestro intento los dos, este cuidado
con que aquí os he traído
quiero que todos escuchéis qué ha sido.
Con fervientes extremos,
vino un hombre, a quien todos conocemos,   2820
buscando de Patricio
la cueva, para entrar en su ejercicio.
Entró en ella y hoy sale,
y porque aquí la admiración iguale
al temor y al espanto,   2825
os truje a ver este prodigio santo.
No os dije allá lo que era,
porque el temor cobarde no impidiera
el fin que osada sigo,
y así os truje conmigo.   2830
Lesbia. Ha sido intento justo,
que yo con el temor mezclaré el gusto.

Filipo	Todos saber deseamos la verdad de las cosas que escuchamos.	
Polonia	Si el valor le ha faltado, y dentro de la cueva se ha quedado, por lo menos veremos el castigo; y si sale, dél sabremos de aquí lo misterioso, si bien, sale el que sale, temeroso tanto, que hablar no puede, y huyendo de las gentes, se concede solo a las soledades.	2835

2840 |
| Leogario | Misterios son de grandes novedades. | |
| Capitán | A buen tiempo llegamos, pues que los religiosos que miramos, en lágrimas bañados, con silencio a la cueva van guiados para abrirle la puerta. | 2845 |

Salen los más que pudieren, y llegan a la cueva, de donde sale Ludovico como asombrado.

Canónigo 1.º	La del cielo, Señor, tened abierta a lágrimas y voces. Venza este pecador esos atroces calabozos, adonde de vuestro rostro la visión se esconde.	2850
Polonia	Ya abrió.	
Canónigo 1.º	¡Qué gran consuelo!	2855

Filipo	Ludovico es aquél.
Ludovico	¡Válgame el cielo! ¿Es posible que he sido tan dichoso que, ya restituido, después de tantos siglos, me he mirado a la luz?
Capitán	¡Qué confuso!
Leogario	¡Qué turbado! 2860
Canónigo 1.º	A todos da los Brazos.
Ludovico	En mí serán prisiones, que no lazos. Polonia, pues te veo, ya mi perdón de tus piedades creo; y tú, Filipo, advierte 2865 que un ángel te ha librado de la muerte dos noches que he querido matarte; que perdones mi error pido. Y dejadme que, huyendo de mí, me esconda el centro; así pretendo 2870 retirarme del mundo, que quien vio lo que yo, con causa fundo que ha de vivir penando.
Canónigo 1.º	Pues de parte de Dios, Enio, te mando que digas lo que has visto. 2875
Ludovico	A tan santo precepto no resisto, y porque al mundo asombre, y no viva en pecado muerto el hombre, y a mis voces despierte,

mi relación, grave concurso, advierte: 2880
Después de las prevenciones,
tan justas y tan solenes,
como para tanto caso
se piden y se requieren,
y después que yo de todos,   2885
con fe y ánimo valiente,
para entrar en esa cueva
me despedí tiernamente,
puse mi espíritu en Dios,
y repitiendo mil veces   2890
las misteriosas palabras
de que en los infiernos temen,
pisé luego sus umbrales,
y esperando a que me cierren
la puerta, estuve algún rato.   2895
Cerráronla al fin, y halléme
en noche oscura, negado
a la luz tan tristemente
que cerré los ojos yo,
propio afecto del que quiere   2900
ver en las oscuridades,
y, con ellos desta suerte,
andado fui hasta tocar
la pared que estaba enfrente,
y, siguiéndome por ella,   2905
como hasta cosa de veinte
pasos, encontré unas peñas,
y advertí que, por la breve
rotura de la pared,
entraba dudosamente   2910
una luz que no era luz,
como a las auroras suele
el crepúsculo dudar

si amanece o no amanece.
Sobre mano izquierda entré,   2915
siguiendo con pasos leves
una senda, y al fin della
la tierra se me estremece
y, como que quiere hundirse,
hacen mis plantas que tiemble.   2920
Sin sentido quedé, cuando
hizo que a su voz despierte
de un desmayo y de un olvido,
un trueno que horriblemente
sonó, y la tierra en que estaba   2925
abrió el centro, en cuyo vientre
me pareció que caí
a un profundo, y que allí fuesen
mi sepultura las piedras
y tierra que tras mí vienen.   2930
En una sala me hallé
de jaspe, en quien los cinceles
obraron la arquitectura
docta y advertidamente.
Por una puerta de bronce   2935
salen y hacia mí se vienen
doce hombres que, vestidos
de blanco conformemente,
me recibieron humildes,
me saludaron corteses.   2940
Uno, al parecer entre ellos
superior, me dijo: «Advierte
que pongas en Dios la fe,
y no desmayes por verte
de demonios combatido,   2945
porque si volverte quieres,
movido de sus promesas

o amenazas, para siempre
quedarás en el infierno
entre tormentos crueles».   2950
Ángeles para mí fueron
estos hombres, y de suerte
me animaron sus razones,
que desperté nuevamente.
Luego, de improviso, toda   2955
la sala llena se ofrece
de visiones infernales
y de espíritus rebeldes,
con las formas más horribles
y más feas que ellos tienen,   2960
que no hay a qué compararlos,
y uno me dijo: «Imprudente,
loco, necio, que has querido
antes de tiempo ofrecerte
al castigo que te aguarda   2965
y a las penas que mereces.
Si tus culpas son tan grandes
que es fuerza que te condenes,
porque en los ojos de Dios
hallar clemencia no puedes,   2970
¿por qué quisiste venir
tú a tomarlas? Vuelve, vuelve
al mundo, acaba tu vida,
y, como viviste, muere.
Entonces vendrás a vernos,   2975
que ya el infierno previene
la silla que has de tener
ocupada eternamente».
No le respondí palabra,
y, dándome fieramente   2980
de golpes, de pies y manos

me ligaron con cordeles;
y luego, con unos garfios
de acero, me asen y hieren,
arrastrándome por todos   2985
los claustros, adonde encienden
una hoguera, y en sus llamas
me arrojan. «Jesús, valedme»,
dije. Huyeron los demonios,
y el fuego se aplaca y muere.   2990
Lleváronme luego a un campo,
cuya negra tierra ofrece
frutos de espinas y abrojos
por rosas y por claveles.
Aquí el viento que corría   2995
penetraba sutilmente
los miembros, aguda espada
era el suspiro más debil.
Aquí, en profundas cavernas,
se quejaban tristemente   3000
condenados, maldiciendo
a sus padres y parientes.
Tan desesperadas voces,
de blasfemias insolentes,
de reniegos y por vidas,   3005
repetían muchas veces,
que aun los demonios temblaban.
Pasé adelante, y halléme
en un prado, cuyas plantas
eran llamas, como suelen   3010
en el abrasado agosto
las espigas y las mieses.
Era tan grande, que nunca
el término en que fenece
halló la vista. Y aquí   3015

estaban diversas gentes
recostadas en el fuego.
A cuál pasan y trascienden
clavos y puntas ardiendo;
cuál los pies y manos tiene   3020
clavados contra la tierra;
a cuál las entrañas muerden
víboras de fuego; cuál
rabiando ase con los dientes
la tierra; cuál a sí mismo   3025
se despedaza, y pretende
morir de una vez, y vive
para morir muchas veces.
En este campo me echaron
los ministros de la muerte,   3030
cuya furia al dulce nombre
de Jesús se desvanece.
Pasé adelante, y allí
curaban, de los crueles
tormentos, a los heridos   3035
con plomo y resina ardiente,
que echados sobre las llagas
eran cauterios más fuertes.
¿Quién hay que aquí no se aflija?
¿Quién hay que aquí no se eleve,   3040
que no llore y no suspire,
que no dude y que no tiemble?
Luego, de una casería,
vi que por puerta y paredes
estaban subiendo rayos,   3045
como acá se ve encenderse
una casa, en quien el fuego
revienta por donde puede.
Esta, me dijeron, es

la quinta de los deleites, 3050
el baño de los regalos,
adonde están las mujeres
que en esotra vida fueron,
por livianos pareceres,
amigas de olores y aguas, 3055
unturas, baños y afeites.
Dentro entré, y en ella vi
que en un estanque de nieve
se estaban bañando muchas
hermosuras excelentes. 3060
Debajo del agua estaban
entre culebras y sierpes,
que de aquellas ondas eran
las sirenas y los peces.
Helados tenían los miembros 3065
entre el cristal trasparente,
los cabellos erizados,
y traspillados los dientes.
Salí de aquí y me llevaron
a una montaña eminente, 3070
tanto que, para pasar,
de los cielos con la frente
abolló, si no rompió,
ese velo azul celeste.
Hay en medio desta cumbre 3075
un volcán que espira y vierte
llamas, y contra los cielos
que las escupe parece.
Deste volcán, deste pozo,
de rato en rato procede 3080
un fuego, de quien salen muchas
almas, y a esconderse vuelven,
repitiendo la subida

y bajada muchas veces.
Un aire abrasado aquí   3085
me cogió improvisamente,
haciéndome retirar
de la punta, hasta meterme
en aquel profundo abismo.
Salí dél, y otro aire viene,   3090
que traía mil legiones,
y a empellones y vaivenes
me llevaron a otra parte,
donde agora me parece
que todas las otras almas   3095
que había visto juntamente
estaban aquí, y, con ser
sitio de más penas éste,
miré a todos los que estaban
allí con rostros alegres.   3100
Con apacibles semblantes,
no con voces impacientes,
sino clavados los ojos
al cielo, como quien quiere
alcanzar piedad, lloraban   3105
tierna y amorosamente;
en que vi que este lugar
el del purgatorio fuese,
que así se purgan allí
las culpas que son más leves.   3110
No me vencieron aquí
las amenazas de verme
entre ellos, antes me dieron
valor y ánimo más fuerte.
Y así, los demonios, viendo   3115
mi constancia, me previenen
la mayor penalidad,

y la que más propiamente
llaman infierno, que fue
llevarme a un río que tiene   3120
flores de fuego en su margen,
y de azufre es su corriente:
monstruos marinos en él
eran hidras y serpientes.
Era muy ancho y tenía   3125
una tan estrecha puente,
que era una línea no más,
y ella tan delgada y débil,
que a mí no me pareció
que, sin quebrarla, pudiese   3130
pasarla. Aquí me dijeron:
«Por ese camino breve
has de pasar; mira cómo
y para tu horror advierte
cómo pasan los que van   3135
delante.» Y vi claramente
que otros, que pasar quisieron,
cayeron donde las sierpes
les hicieron mil pedazos
con las garras y los dientes.   3140
Invoqué de Dios el nombre,
y con él pude atreverme
a pasar de esotra parte,
sin que temores me diesen
ni las ondas ni los vientos,   3145
combatiéndome inclementes.
Pasé al fin y en una selva
me hallé, tan dulce y tan fértil
que me pude divertir
de todo lo antecedente.   3150
El camino fui siguiendo

de cedros y de laureles,
árboles del paraíso,
siéndolo allí propiamente.
El suelo, todo sembrado 3155
de jazmines y claveles,
matizaba un espolín
encarnado, blanco y verde.
Las más amorosas aves
se quejaban dulcemente 3160
al compás de los arroyos
de mil repetidas fuentes.
Y a la vista descubrí
una ciudad eminente,
de quien era el Sol remate 3165
a torres y chapiteles.
Las puertas eran de oro,
tachonadas sutilmente
de diamantes, esmeraldas,
topacios, rubíes, claveques. 3170
Antes de llegar se abrieron,
y en orden hacia mí viene
una procesión de santos,
donde niños y mujeres,
viejos y mozos venían, 3175
todos contentos y alegres.
Ángeles y serafines
luego en mil coros proceden
con suaves instrumentos
cantando dulces motetes. 3180
Después de todos venía,
glorioso y resplandeciente,
Patricio, gran patriarca,
y, dándome parabienes
de que yo antes de morirme 3185

una palabra cumpliese,
me abrazó, y todos mostraron
gozarse en mis propios bienes.
Animóme y despidióme,
diciéndome que no pueden   3190
hombres mortales entrar
en la ciudad excelente,
que mandaba que a este mundo
segunda vez me volviese.
Y al fin por los propios pasos   3195
volví, sin que me ofendiesen
espíritus infernales;
llegué a tocar finalmente
la puerta, cuando llegásteis
todos a buscarme y verme.   3200
Y pues salí de un peligro,
permitidme y concededme,
piadosos padres, que aquí
morir y vivir espere,
para que acabe con esto   3205
la historia que nos refiere
Dionisio, el gran cartujano,
con Enrique Salteriense,
Mateo, Jacobo, Ranulfo,
y Cesario Esturbaquense;   3210
Mombrisio, Marco Marulo,
David Roto, el prudente,
primado de toda Hibernia;
Belarmino, Beda, Serpi
—fray Dimas—, Jacob, Solino,   3215
Mesingano; y, finalmente,
la piedad y la opinión
cristiana que lo defiende;
porque la comedia acabe

y su admiración empiece.   3220

Fin de la comedia

Libros a la carta

A la carta es un servicio especializado para
empresas,
librerías,
bibliotecas,
editoriales
y centros de enseñanza;
y permite confeccionar libros que, por su formato y concepción, sirven a los propósitos más específicos de estas instituciones.

Las empresas nos encargan ediciones personalizadas para marketing editorial o para regalos institucionales. Y los interesados solicitan, a título personal, ediciones antiguas, o no disponibles en el mercado; y las acompañan con notas y comentarios críticos.

Las ediciones tienen como apoyo un libro de estilo con todo tipo de referencias sobre los criterios de tratamiento tipográfico aplicados a nuestros libros que puede ser consultado en Linkgua-ediciones.com .

Linkgua edita por encargo diferentes versiones de una misma obra con distintos tratamientos ortotipográficos (actualizaciones de carácter divulgativo de un clásico, o versiones estrictamente fieles a la edición original de referencia).

Este servicio de ediciones a la carta le permitirá, si usted se dedica a la enseñanza, tener una forma de hacer pública su interpretación de un texto y, sobre una versión digitalizada «base», usted podrá introducir interpretaciones del texto fuente. Es un tópico que los profesores denuncien en clase los desmanes de una edición, o vayan comentando errores de interpretación de un texto y esta es una solución útil a esa necesidad del mundo académico.

Asimismo publicamos de manera sistemática, en un mismo catálogo, tesis doctorales y actas de congresos académicos, que son distribuidas a través de nuestra Web.

El servicio de «libros a la carta» funciona de dos formas.

1. Tenemos un fondo de libros digitalizados que usted puede personalizar en tiradas de al menos cinco ejemplares. Estas personalizaciones pueden ser de todo tipo: añadir notas de clase para uso de un grupo de estudiantes, introducir logos corporativos para uso con fines de marketing empresarial, etc. etc.

2. Buscamos libros descatalogados de otras editoriales y los reeditamos en tiradas cortas a petición de un cliente.

www.ingramcontent.com/pod-product-compliance
Lightning Source LLC
Chambersburg PA
CBHW021931040426
42448CB00008B/1018